U0498582

传递价值

985 年

水大曲获原商
'金爵奖"。

西、习水大曲
定为国家名优
参加亚洲及太
地区国际贸易
。

1986 年

- 习酒获原商业部
系统白酒评比优质
酒酱香型第一名。

- 在贵州省第四届
名优酒评比会上,
习水酒厂生产的酱
香型"习"字牌习
酒、浓香型"习水"
牌习水大曲双双荣
获"金樽奖"。

1988 年

- 习酒形成年产浓
香、酱香双 3000(千
升)规模,成为当
时全国最大的酱香
型白酒生产企业。

- "习"字牌习酒
(大曲酱香型)被评
为国家优质名酒。

- "习"字牌习酒
(大曲酱香型)获国
家质量奖。

1992 年

- 酱香型习酒在美
国洛杉矶获唯一最
高档次国际特别
"金鹰金奖",浓香
型高、低度习水大
曲分别获"拉斯维
加斯金奖"和"帆
船金奖"。

- 习水酒厂进行体
制改革,成立了"贵
州习酒总公司"。

1993 年

- 习酒获首届国际
名酒香港博览会特
别金奖。

- 由于国家对经济
的调控和整顿,习
酒资金链断流,"百
里中国名酒基地"
工程因为资金无法
到位而被迫停工。

1994 年

- "贵州习酒股份有限公司"正式成立。
- 习酒成为国内首家同步通过国家和国际质量认证的白酒企业。

1997 年

- 贵州省政府作出了由茅台集团兼并习酒总公司的决定。

1998 年

- "贵州茅台酒厂（集团）习酒有限责任公司"挂牌成立，习酒公司正式加入茅台集团。
- 年底各项主要技术经济指标大幅增长，扭转了企业连续 6 年亏损的局面。

1999 年

- 习酒开始制定和实行绩效工资分配方案，实行成本管理。

2000 年

- 习酒研发的"茅台液"荣获"贵州省优秀新产品"称号。
- 习酒实施"无情不商，诚信为本"的经营理念。

2003

- 习酒恢型白酒的并且启动香酒技改
- 习酒获年度贵州企业称

年

复酱香
生产，
新的酱
工程。

"2002
省优秀
号。

2005 年

- 习酒荣获第十一届国家级企业管理现代化创新成果二等奖。
- 酱香习酒、浓香习水大曲被评为 2005 年"贵州省名牌产品"。

2008 年

- 习酒获贵州省企业文化建设荣誉成就奖，被评为示范单位。
- 习酒获改革开放 30 周年"贵州企业改革与管理成就奖"和"贵州最具社会责任感企业"殊荣。

2010 年

- 中高端新品习酒·窖藏 1988 在年底上市。
- 习酒实现 10 亿元的销售收入。
- 习酒荣列白酒行业 200 强第 21 位。
- 习酒提出"1+3"战略市场布局。

2012 年

- 习酒再次获"全国五一劳动奖状"，销售收入翻一番，达到 30 亿元。
- 习酒从区域强势品牌阔步迈向全国知名品牌，快步迈进全国白酒行业前十强。

2013 年

- 习酒官方网上商城上线。
- 在第五届"华樽杯"的评选中，习酒品牌价值为 81.06 亿元，位于全国白酒行业第 15 位。

2014

- 原国家
局正式公
习酒为"
理标志产品

1952 年
- 仁怀县工业局购买黄金坪当地百姓的房屋，创办贵州省仁怀县郎酒厂。

1956 年
- 仁怀县工业局抽调茅台酒厂副厂长邹定谦来仁怀县郎酒厂主持生产工作，产品名"郎酒"（贵州回沙郎酒），年产量约100吨。

1959 年
- 因自然灾害，粮食紧张，酿酒缺乏原料，酒厂停产。

1962 年
- 仁怀县回龙区供销社派曾前德、蔡世昌、肖明清三人利用废弃的厂房恢复生产，厂名为黄金坪酒厂。

1965 年
- 贵州省对仁怀县、习水县、赤水县三县行政区划进行调整，黄金坪酒厂随行政区划归习水县，更名为"习水县回龙区供销社郎庙酒厂"。

196
- 酒研型大

年

质检总
予贵州
国家地
"。

● 2016 年

● 习酒获中国质量协会授予的"全国实施卓越绩效模式先进企业"称号。

● 习酒·窖藏 1988 获"2016 年度中国十大喜酒明星产品"称号。

● 2017 年

● 习酒品牌价值位居全国第 11 位，在贵州仅次于茅台。

● 习酒·窖藏 1988 单品销售额突破 10 亿元大关。

● 2019 年

● 习酒高端新品"君品习酒"上市。

● 习酒首次申报即荣获第十八届"全国质量奖"，全面推行卓越绩效模式，管理水平实现持续提升。

● 正式形成"132+"市场战略布局。

● 2020 年

● 习酒突破百亿元销售大关。

● "华樽杯"品牌价值 656.12 亿元，位列中国前八大白酒品牌。

● 君品习酒获比利时布鲁塞尔国际烈性酒大奖赛最高奖项大金奖。

● 习酒荣获第三届贵州省省长质量奖。

● 2021 年

● 习酒以 1108.26 亿元的品牌价值，跃升为中国第二大酱香型白酒品牌。

● 习酒荣膺"亚洲质量卓越奖"。

● 习酒公司运营中心、商务体验中心、习酒文化城等标志性建筑相继投运。

● 2022 年

● 成立贵州习酒投资控股集团有限责任公司，习酒迈入集团化发展新阶段。

● 习酒实现营收超 200 亿元。

在这里读懂习酒

张小军　马　玥　熊玥伽◎著

电子工业出版社
Publishing House of Electronics Industry
北京·BEIJING

未经许可，不得以任何方式复制或抄袭本书之部分或全部内容。

版权所有，侵权必究。

图书在版编目（CIP）数据

在这里读懂习酒 / 张小军，马玥，熊玥伽著 . —北京：电子工业出版社，2023.12

ISBN 978-7-121-44078-6

Ⅰ.①在⋯ Ⅱ.①张⋯ ②马⋯ ③熊⋯ Ⅲ.①酱香型白酒－白酒工业－工业企业管理－研究－贵州 Ⅳ.① F426.82

中国版本图书馆 CIP 数据核字（2022）第 137469 号

责任编辑：黄　菲　　文字编辑：刘　甜　　特约编辑：刘　露　玄甲轩
印　　刷：天津图文方嘉印刷有限公司
装　　订：天津图文方嘉印刷有限公司
出版发行：电子工业出版社
　　　　　北京市海淀区万寿路 173 信箱　邮编：100036
开　　本：720×1000　1/16　印张：15.5　字数：295 千字
版　　次：2023 年 12 月第 1 版
印　　次：2024 年 2 月第 2 次印刷
定　　价：88.00 元

凡所购买电子工业出版社图书有缺损问题，请向购买书店调换。若书店售缺，请与本社发行部联系，联系及邮购电话：（010）88254888，88258888。

质量投诉请发邮件至 zlts@phei.com.cn，盗版侵权举报请发邮件至 dbqq@phei.com.cn。

本书咨询联系方式：1024004410（QQ）。

中国习酒成长之路

习，古语写作"習"，从羽从白，《说文解字》释曰："数飞也。"即鸟在日光下反复飞行，有起有落，但终将腾飞。

酒如其名，习酒便是如此。生于赤水河畔，建于二郎滩头，成于时代洪流，习酒艰苦创业、自强不息、坚忍不拔、勇攀高峰。从三人起家、七名精兵、十四干将到 1.5 万余人规模，从早期一度停产到浓酱并举产量"双三千"，再到年生产优质基酒 7 万余吨，从偏居一隅到十里酒城，再到享誉世界，习酒曾经艰难起步，曾经登峰造极，曾经曲折坎坷，终将朝着大型综合企业集团迈进。

1952 年，作为首批国营化酒企之一，在国家"一五"计划打好中国工业化基础、贵州大力发展壮大酿酒工业的时代背景下，习酒兴家立业。生于百废待兴之时，长于高山河谷之地，一间作坊，两间民房，七个酒窖，艰难起步，而后三人复产复酿酒，更是艰难，二十元重建经费，纵然酒瓶不语、窖池无字，但习酒前辈们汗流浃背、躬身为酿的精神却深深留在了习酒的历史上。

2022 年习酒的品牌价值为 1690 亿元，营业收入达 210 亿元，是迈入 200 亿元销售大关的中国八家白酒企业之一；2023 年习酒品牌价值为 2224.63 亿元，位列中国白酒前八名、中国酱酒第二名、贵州省白酒第二名。

今天，我们书写习酒，是回答时代问卷。改革开放 40 多年来，中国经济实现巨大飞跃，迎来制度之变、结构之变、人才之变，更经历过很多挫折、磨难，然后闯出一条生存之道，并从弱到强。透视中国商业环境变迁，习酒发展历程近乎与之相符。伴随时代沉浮，习酒突破资源匮乏的束缚，历经几次转折与复兴，从地方走向全国，享誉世界。

读懂习酒故事

为什么要读习酒故事？研究习酒这家企业有何示范意义？这是本书试图回答的问题之一。考拉看看头部企业研究中心致力于探索中国酒业的独特价值，观察中国白酒行业已经多年，讲好中国白酒故事是团队的使命。

习酒是白酒行业的一颗明珠。我们研究习酒两年多，三赴酒厂进行实地调研，数次亲身体验，发现习酒的苦难和辉煌与中华民族高度相似，习酒的发展史是中国白酒行业的一个缩影，习酒的君品文化是中华传统文化的时代表达。

首先，习酒发展之路像极了我们这个伟大民族的复兴之路。如同中国国防大学金一南教授在《苦难辉煌》一书中所述，我想写作的是"民族的苦难，国家的苦难，民族的复兴，国家的复兴"。读懂习酒，依稀读懂中华民族的崛起之道，"一个民族的崛起，首先是精神的崛起；没有精神的崛起，任何民族的崛起都是不可能完成的！"[①]

从时间线来看，习酒的历程波澜曲折。1952 年，习酒建厂，1959 年便遭遇三年困难时期粮食短缺、全线停工，经历第一次低谷。1962 年，曾前德、肖明清、蔡世昌三人重建酒厂，白手起家，将酒厂带上正轨。1988 年，习酒成为全国最大酱香型白酒生产企业，厂区绵延十里，被称为"十里酒城"。1994 年起，习酒遭遇危机，处于半停产状态，再次陷入低谷。1998 年，习酒被茅台兼并，从转折走向复兴。而后，习酒一路上扬。2013 年，经济下行，全国白酒行业进入深度调整期，习酒历经短暂改革，迅速扭转局面，从 2015 年开始回暖。2017 年到 2022 年，习酒营收持续增长，2020 年营收突破百亿元。2022 年，习酒从茅台独立，成立习酒集团，迈向高质量发展新征程。[②]

---

① 金一南.苦难辉煌 [M].北京：作家出版社，2021.

② 2022 年 9 月，贵州省委、省政府基于推动贵州白酒产业发展战略考量，组建成立贵州习酒投资控股集团有限责任公司（简称"习酒集团"），"贵州茅台酒厂（集团）习酒有限责任公司"整体变更设立"贵州习酒股份有限公司"。

从发展曲线看，习酒走出的是一条 N 字形线，尤其是近 30 年的发展，形成了一个深 V，或者说微笑曲线。尽管它曾有机会成为中国酱酒的龙头，但它却突然跌落谷底，之后又展现出强劲的反弹力，这体现出一种坚忍不拔的精神。

回顾历史，习酒的发展史堪称传奇。在时代变迁与行业波折中，习酒屹立不倒，像我们这个民族历经考验，在苦难中一次次走向辉煌。如果要评选中国白酒企业"励志偶像"，其中一定有习酒的身影。它从波澜壮阔的时代中走过，踏过磨难的土壤，留下不屈的身影。

其次，习酒身上依稀可见中国白酒行业风云变幻的历史缩影。
1949—1992 年，白酒行业以产能为王，酒企扩产调价，习酒在这一阶段率先实现"七五"技改工程扩产计划，实现习水大曲 3000 吨、习酒 3000 吨的生产规模，成为全国浓香型白酒生产标兵、全国最大的酱香型白酒生产厂家；1993—2002 年，白酒行业注重品牌营销，名酒时代来临。此时，习酒登上央视广告，开创一系列行业营销活动的先河，"习酒献西藏""西北—中原万里行""千里赤水河考察"等活动成为行业经典；2003—2012 年，渠道为王，白酒的黄金十年到来，习酒销售收入突破 30 亿元，实现区域强势品牌到全国知名品牌的跨越；2016 年至今，品牌为王，高端白酒穿越周期，白酒行业量减价升，向头部品牌集中，行业长期向好。①2022 年，习酒进入中国白酒前八名，名

---

① 张晋溢、王萌、王星云的报告《白酒行业全景图：强者恒强，马太效应凸显》。

列中国酱酒第二名。

再次，习酒的故事，是酒中君子追寻伟大事业的故事。伟大的事业，应该由具备君子品格的人和企业来完成。

早期创业，习酒人崇尚天道，艰苦奋斗、自强不息的精神品德，不断生长。发展时期，习酒人锐意进取，凭借千磨万击还坚劲的意志力和远见卓识，显现出精益求精的工匠精神、勇闯高峰的拼搏精神和"舍小我取大我、舍小家建大家"的奉献精神。加入茅台后，习酒在文化融合中继续生发，提出"无情不商，诚信为本"的核心经营理念，开创企业"情商文化"建设的先河。2022 年，习酒集团成立，对于一直恪守"崇道、务本、敬商、爱人"企业核心价值观、践行"知敬畏、懂感恩、行谦让、怀怜悯"习酒品格的习酒而言，文化及精神的引领作用愈加凸显。2023 年，作为习酒的文化建设年，文化战略被列为习酒发展的头等大事，习酒发布了《君品公约》。至此，君品文化完成体系化构建。

新时代、新使命，君品文化彰显习酒品牌自信，无疑成为习酒发展之魂。正如集团党委书记、董事长张德芹所说，习酒好比一棵大树，产品是大树的枝干，创新是大树的枝叶，而君品文化是大树的根茎。企业的生长繁荣不仅取决于周围的环境，还取决于其向下扎根的深度。

读懂习酒君品文化

习酒的君品文化，是以君子文化为特征，以习酒历史文化为主要内容，融合鳛部文化、赤水河红色文化、赤水河商业文化、赤水河纤夫文化、赤水河酒文化所构成的独特文化体系。

作家余秋雨曾说："文化说一千道一万，中华文化的最终成果是中国人的集体人格。"人格塑造是习酒事业的起点和目标，这也是习酒作为"酒中君子"的内涵所在。

理解君品文化并不复杂，抽丝剥茧，可见君品文化体系的完整脉络。

第一，君子文化是君品文化最重要的特征，也是习酒最高的理想目标。

君子文化是中国优秀传统文化的精髓和标识，君子品格是至高人格。千百年来，儒家思想塑造着中国人的意识和行为。"知者不惑，仁者不忧，勇者不惧"是儒家定位的君子之道。君子之所以被历代中国人推崇，是因为它是理想化人格的化身，承载着人们对有修养、有能力、有品位、有追求的人的美好向往。

早在先秦各大儒家典籍中，"君子"一词就常被提及。《易经》中，《乾》卦辞"君子终日乾乾，夕惕若厉，无咎"强调君子自强不息；《尚书》中，《虞书·大禹谟》的"君子在野，小人在位"强调君子与小人的对立；《诗经》中《周南·采采》的"采采卷耳，不盈顷筐。嗟我怀人，寘彼周行"强调君子是品德高尚之人。

这样的理想人格是人类永恒的追寻目标。习酒并不标榜自己，而是从浩瀚的历史文化中找寻，在习酒人身上发现，在酿酒作业中沉思。2010 年，习酒从发展历程中总结出宝贵的君子文化。此后，君品文化应运而生，成为习酒独一无二的品牌符号和文化符号。

第二，"崇道、务本、敬商、爱人"是习酒核心价值观。

习酒核心价值观代表企业对道德伦理的追求，对传统文化的敬畏，对商业文明的推动，以及悲悯天下的情怀。

"人法地，地法天，天法道，道法自然。"酿酒是一门道法自然的行为艺术，追求天时、地利、人和的微妙平衡。习酒的生产始终尊重规律、崇敬自然，充分利用赤水河得天独厚的生态酿造资源、特殊的地形地貌等酿酒环境，继承传统，秉持古法，创建了一个原生态的优质白酒酿造基地，这是习酒人一直传承的崇道精神。

务本，是企业立身的根基。"君子务本，本立而道生。"儒家先贤倡导务本思想，即透过事物看本质，只有抓住事情的根本，才能更好地解决问题。作为一家酒企，习酒始终以酿酒之术为本，坚守质量体系，不急功近利，以自力更生的进取精神，以求真务实的工作态度，认真做事，踏实做人，即便发展之路曲折，始终不忘安身立命之本，为世界酿造佳酿。

敬商是商业文化与社会价值观的重要体现，强调对商业精神、商业道德的敬仰。习酒历来有君子之姿，怀敬商之道，尊重商业规律与市场变化，并在悠久的历史长河中形成"爱商、亲商、安商、扶商、富商"的情商文化，促进产业、行业各美其美，美美与共。

爱人者人恒爱之，习酒的爱人，是一种悲天悯人的情怀。习酒如君子一般，谦虚温润、勤恳含蓄，心怀苍生、兼济天下，在"修己"之上，持续讲求奉献，勇于承担社会责任，立足行业做好产品，为企业、地区与国家创造财富，为中国梦的实现贡献自身力量。

第三，十二字精髓浓缩习酒品格。

"君子"一词，源于先秦，后来随着时间的流逝，其内涵不断丰富，不仅成为一种理想人格，一种思想范畴，更成为一种文化。习酒将君子文化作为核心，注重君子人格的塑造和君子精神的延续。

具体而论，君子的人格有哪些特征？

君子有"仁"的人格特征。正如孟子所说："君子所性，仁、义、礼、智根于心。"（《孟子·告子下》）

君子有"德"的人格特征。"君子"一词开始被赋予道德含义，世人心中对"君子"就产生了独特的道德理想。

君子有"义"的人格特征。"义"指正义，公正合宜的道德、道理或行为。"义"是衡量君子的标准。

基于君子的人格特征，习酒进一步提炼出"知敬畏、懂感恩、行谦让、怀怜悯"的十二字精髓，并将其作为企业品格，意在以君子的品德与品行要求自己。这十二字背后，既融合了中国传统文化中君子品格的精髓，又体现了习酒对于自身发展的约束与要求。

第四，将君子品格践行为行为准则。

2023 年 3 月，习酒集团发布我国白酒行业的第一个公约《君品公约》："爱我习酒，东方文明；敬畏天地，崇道务本。铭记先贤，心怀感恩；明德至善，敬商爱人。秉持古法，工料严纯；醉心于酒，勇攀至臻。同心同德，不忘初心；酱魂常在，君品永存。"这意味着，习酒经历 71 年的风雨，已形成系统性的思考，将习酒有关君子的品行、品位与品质转化为一种约定，使其成为习酒人共同的行为规范与价值取向，赋能企业发展。

"爱我习酒，东方文明；敬畏天地，崇道务本"这一句话将习酒的诞生和中华文明的曙光相联系，将美酒生于自然的历史渊源和习酒的核心价值观相联系，是追溯习酒的起源。

"铭记先贤，心怀感恩；明德至善，敬商爱人"说明习酒牢记建厂以来受到的老百姓与地方政府的帮助，习酒人将恩情铭记于心，以回馈社会。

"秉持古法，工料严纯；醉心于酒，勇攀至臻"指出习酒坚持酿造高端酱酒的信念，继续攀登高峰、精进酒艺。

"同心同德，不忘初心；酱魂常在，君品永存"指在君品文化的引领下，习酒人不忘初心，坚持在酿造酱香习酒的道路上以君子的品德开启新的篇章。

《君品公约》是习酒的修养、习酒与其他社会关系之间的交流，涵盖了君子在实现自身道德理想的同时，兼顾其社会责任的意义，表明习酒的君子之品不仅是一个企业初心不改的体现，更是一个民族文化传承的轨迹。

遵循"崇道、务本、敬商、爱人"的核心价值观，以及"弘扬君品文化，酿造生活之美"的企业使命，《君品公约》的发布，无疑是对习酒精神文化的一次总结与升华。

文化可传承，可诉说，而商业的美妙之处在于文化的亘古绵延。基于文化，企业可拥有人格精神，让品牌更深入人心。过往的 71 年里，习酒的文化不是外来的，而是习酒人内生的。特殊的历史境遇让习酒文化更加丰满，也让习酒人形成了自己独特的个性。在一次次的总结与提炼中，习酒将不断向君品文化的理想目标靠拢。

读懂习酒新征程

2022 年 7 月 15 日，习酒在并入茅台 24 年后，站在了新的历史起点——脱离茅台、升级为贵州习酒投资控股集团有限责任公司（简称习酒集团），开启新征程。2022 年 12 月 15 日，习酒隆重举行创立 70 年庆祝大会，新起点新使命，习酒如何接续奋斗，谱写高质量发展新篇章？

习酒集团董事长张德芹说："第一是始终坚持党的全面领导；第二是始终坚持'质量就是生命'；第三是始终坚持践行'君品文化'；第四是始终坚持创新是第一动力；第五是始终坚持深化改革提效能；第六是始终坚持发展成果共创共享。"[1]

---

[1]　郁璐的文章《星火燎原，创见未来，习酒创立 70 年庆祝大会胜利召开》。

"六个坚持"表达的是习酒集团未来怎么干、干什么。

新征程下，习酒的战略布局清晰可见：

- 深化改革：以国企改革和集团管控为契机，着力建设法人治理体系、管控体系和制度体系；
- 管理提升：在质量、品牌、文化、人才、创新等领域狠抓管理；
- 产品结构调整：战略大单品"习酒感恩98"全面导入，满足大众需求的"圆习酒"系列产品正式问世；
- 稳经销商体系：出台多种扶持经销商措施和制度，不能让任何一个经销商离开习酒。

奋斗正当时，扬帆再起航。

昨天的习酒饱经风霜，今天的习酒蓄势待发，明天的习酒未来可期。

愿每一位读者都能在本书中读懂习酒。

第 一 章

哲学灵魂

崇道·知敬畏

《道德经》云："人法地，地法天，天法道，道法自然。"

《庄子·知北游》云："天地有大美而不言，四时有明法而不议，万物有成理而不说。"

在中国传统文化中，顺天法地是古老的智慧。中国人讲究靠山吃山、靠海吃海。这不仅是一种因地制宜的适应，更是中国式生存哲学。

黔北高原赤水河中游河谷，山势高峻，河水奔流，气候湿润，世代居住于此的先民们，顺应这种独特的地理资源，创造了悠久的酿酒历史。

没有粮食就没有酒，酿酒业十分依赖农业。因此，赤水河谷的先民们自古便懂得顺应天时地利，敬畏自然，从土地中收获粮食，用智慧酿造美酒。

　　"崇道"是人类蕴藏智慧的古训，又是人类对顺应天时的敬畏。71年来，习酒人不忘祖训，将"崇道"放在核心价值观的首位，始终敬畏自然，遵循天时地利。

　　独特的土壤、气候、地理位置是上天赋予习酒的宝藏。也正因如此，习酒人对酿酒事业的热爱始终遵循天人合一的准则。从对天地独特的理解与感知，到心手相应的无间配合与默契，无不透出习酒人对自然的尊崇，正如古人所说，"君子之心，常存敬畏"。

酿酒存乎一心，非艺而近于道也。习酒人顺天法地，充分利用赤水河得天独厚的水文气候、特殊的地形地貌等不可复制的酿造环境，继承传统，秉持古法，所崇之道，既是天之道，亦是心之道。

"天行健，君子以自强不息；地势坤，君子以厚德载物。"从 1952 年在黄金坪（原为黄荆坪）选址建厂，到 1957 年习酒前身仁怀县郎酒厂投产，再到三年困难时期停产，以及 1962 年三人起家恢复重建，习酒的早期创业征程，尽显习酒人自强不息、百折不挠的精神品格。

如果说自强不息奠定了习酒早期的发展基础，那么，君子的坚韧及"君子志于择天下"等品格，在习酒发展时期则赋予了企业强大的动力。从艰难探索小曲白酒、浓香型习水大曲、酱香习酒等产品之路，到改革开放后大力推行技术改革、管理变革、市场拓展等腾飞之行，习酒人的志向从不偏安一隅，而是放眼全国。处于发展快车道中的习酒提出百里酒城构想，这正是君子志满天下的真实写照。

第一节

始创：君子以自强不息

追溯历史：从古鳛国到明清酿酒

"习水"古时写作"鳛水"，是指县境内流过的一条河——鳛水河。七千多年前，生活在鳛水河、赤水河与桐梓河流域的原始先民被称为"鳛人"。

夏朝，进入奴隶社会，鳛人建立起一个较为强大的奴隶社会部落——鬏习部落。部落因鳛人头发纷披、头上插羽毛作装饰而得名。

商周，武王伐纣，鬏习部落出兵助武王，武王封其地为"鳛国"。自此，鳛水境域被称为鳛国，今习水县内赤水河畔的二郎滩口，就在古鳛国领域腹地。

战国后，秦国一统天下，鳛水境域被纳入中央王朝的政治板块之下，设为鳛部，历代沿用。

古鳛部先民善于酿造，在战国时期便已探索出枸酱酿造工艺。据考证，枸酱是赤水河中游一带用水果加入粮食后发酵酿制的酒，历史悠久。汉郎中将唐蒙出使南越国（位于今广东）时，得知当时产自蜀国南境鳛部一带的枸酱从夜郎（位于今贵州）运输到了南越番禺城，便献计汉武帝开通夜郎道，借夜郎道平定南越。后人诗曰："汉家枸酱知何物，赚得唐蒙鳛部来。"可见枸酱历史已有两千多年。

战国时期，赤水河流域除了枸酱，还出现了不经榨取、不经蒸馏的发酵酒——咂酒。到了秦汉时期，两岸百姓盛行自酿发酵酒，家家户户都有备呷酒、醪糟酒的习惯，待到婚丧嫁娶、岁令节庆等活动，便拿出陈酒，以供畅饮。

"高山峡谷峻千仞，四面悬壁酒香过。"鳛部族人善饮善酿，在赤水河谷历代传递。隋唐时期，因朝廷对酿酒的管理比较宽松，赤水河谷酿酒业蔚然成风，饮酒之风亦极为盛行。

贵州素不产盐，是全国最为缺盐的地区之一，邻省四川、云南、广西等是黔地进盐的主要来源，川盐入黔历史悠久。明清以前，川盐入黔主要走陆路；明清时期，随着赤水河的疏通和开发，水运成为川盐入黔的主要通道。赤水河上船来舟往，水陆码头应运而生。因黔北地势崎岖，故一般先将盐运输到赤水河沿岸重要码头，再由人力从码头背到深山的腹地城镇。

二郎滩是水路集散码头，人和物的集散，给二郎滩带来了机遇，河谷深峡地形拥有闷热潮湿的小气候，较为封闭，酿酒所需的微生物易于生长且不易消散，是一个天然酿境。独特的自然条件，让二郎滩这个地方注定世代与酿酒息息相关。

黔北的一般人家都会自产自饮，技艺精湛的人家还会开设酒坊，大量生产，售予客商，当作一门营生。四川产盐，黔地酿酒，盐酒往来之间，商贸机遇兴起。以赤水河为纽带的盐运、酒业，在往来之间交相辉映，形成璀璨的赤水河商业文明。

赤水河边曾经流传着一句民谣："好个二郎滩，四面都是山，天天背盐巴，顿顿菜汤淡。"这句民谣正是当年赤水河盐运的真实写照。

如今看来，三千年酿酒历史，鳛部文化、赤水河文化和黔酒文化，都是习酒君子品格的历史渊源。尤其是习酒位于古鳛部的核心境域，千年文化底蕴是习酒历史文化的源头。相较于一同诞生的巴、蜀、鳖、牂牁等地域文明，鳛水境域流传下来的国名、邦名、族称、图腾等几乎未曾变称或泯失，甚至古鳛人在生产生活中秉持的生命核心观，在经完整保存和继承后，仍清晰地呈现在了当下习酒人的选择之中。

诞生前身：明清殷氏酒坊辉煌

赤水河发源于云南省镇雄县，奔腾于乌蒙山与大娄山脉之间，流经川、滇、黔三省，在四川省合江县汇入长江。由于地处云贵高原与四川盆地相交地带，赤水河整个流域有四分之三藏在崇山峻岭之中，山峦叠嶂，河谷深切。赤水河造就的河谷侵蚀地貌，是最为理想的酿酒之地。

同时，这里地处河谷，又是典型的亚热带湿润气候，天气炎热、空气湿润，适合酿酒所需微生物的生长。山腰上盛产的小麦、高粱等粮食作物，以及赤水河甘美的水源，都为酿酒提供了独一无二的原材料。

早在 1520 年前后，赤水河中游的二郎滩头便开设了一家白酒作坊，主家姓殷，以酿酒为生。

在农耕文明时期，肥沃的土地本是农民的生存之基，但对于善酿的殷家人来说，贫瘠的土地并不是一件令人苦恼的事情。他们利用自己的酿酒技艺，在二郎滩头的一口古井旁边修建起一座酒坊，以酿酒维持生计，时称"殷氏酒坊"。

起初，殷氏酒坊规模并不大，一间简单的作坊既是生产间又是库房，一眼得见真功。但这样一间不起眼的小作坊，彼时仍是周边船夫、酒客心中的胜地，足以让他们津津乐道，聊以慰藉劳作的辛苦。

殷氏酒坊主要酿造纯粮食酒，附产而出的大量糠壳和酒糟是喂养家禽、家畜的上佳饲料。每逢赶场天，酒坊门口顾客络绎不绝，除了十里八乡来打酒的人，常见的还有被一背背酒糠压弯了腰身而远去的乡民的身影。

殷氏酒坊的酒，口味醇香，且价格公道，加之殷家人待客实诚，使得殷氏酒坊在赤水河两岸声名鹊起。随着生意日渐兴隆，酒坊不断扩大，殷家山腰上的田土地产也不断增加，殷家盖起了当地少有的"三合头"（三面有房、围成院落）大房子，并扩建了酿酒糟房，家业颇大。

至清初，殷氏族人举家迁出二郎滩，将所有房田地产转卖给当地一些大族，殷氏酒坊则转让给当地一户人家经营。二郎滩上的殷氏族人，来时悄无声息，离去无人知晓。

清雍正年间，朝廷在贵州地区实行"改土归流"，大批移民随之入黔，同时还有大量的铅铜需要运往北京铸钱，所需陆路运输费颇巨。为解决贵州盐荒和铅铜运费过大的问题，乾隆八年（1743 年），朝廷将疏浚赤水河发展水运提上了日程。经过两次大规模整治，至清光绪六年（1880 年），赤水河航道得以疏通，成为川盐入黔最重要的通道。网状般的川盐古道串起了赤水河沿线的大小城镇和村寨，促进了黔北商品经济的发展和城乡集镇的形成。

二郎滩渡口建于清同治三年（1864 年），水路上溯贵州茅台镇，下经太平渡、贵州土城镇，每年转运盐约 2000 万斤，是赤水河主航道的转运点，川黔百里内外川盐转运集散的边贸重地。

川盐在二郎滩集散，贩盐、运盐、背盐的人遍布二郎滩，兴盛时每天力行脚夫达 2000 多人，船只 200 多艘，古街上行号、店铺、栈房、茶馆、修船厂接连不断，四面八方的商贾汇聚于此。鼎盛时期，二郎滩甚至多达上万人，自饮、送礼、请客带动了酒业兴盛，殷氏留下的酒坊也因此顺势发展壮大。

清代的二郎滩殷氏酒坊，门庭若市，车水马龙。到了民国初年，战火肆虐，打破平静。覆巢之下无完卵，战火纷飞，家国尚且难保，何况小小酒坊的一份营生，酒坊经营变得磕磕绊绊，曾经繁忙的二郎滩码头也渐渐平静下来。

直到 1935 年，中国工农红军长征来到赤水河边，为二郎滩带来了勃勃生机。当年 1 月 21 日，红军进入习水县，先后驻留转战 62 天。习水县成为红军长征主力部队转战停留时间最长的一个县。红军在习水期间，展开了包括土城战斗、梅溪河战斗、三锅桩战斗、二郎滩战斗等数十次大大小小的战斗。其中，二郎滩渡口，是红军四渡赤水中第二次与第四次渡过赤水河的渡口。尤其是中国工农红军在二郎滩背水一战后，当地的"干人"冒着白色恐怖为负伤留下来的红军战士送酒、清创、清毒，埋下了军民鱼水般的情结种子。

"四渡赤水"是世界战争史上的经典战例。枪林炮火中，红军血战青杠坡、飞渡赤水河，为这片热土留下了光辉的红色印记。四渡赤水之战，红军曾在第二渡、第四渡时两次飞渡二郎滩渡口，二郎滩经历革命洗礼，积淀了厚重的红色文化。

二郎滩的老一辈们，一直记得红军的艰苦和朴素，甚至对红军唱的歌谣记忆犹新："红军纪律要严明，行动听指挥，不能乱胡行；工农的东西不拿分文，说话要和气，开口不骂干人；上门板，捆铺草，房子扫干净，借东西要还人，解便找茅房，抹汗避妇人。"在歌谣的传唱中，红军艰苦朴素的精神洒遍了二郎滩。

从漫长的历史回溯，习水这片土地，经历过古鳛部风云变幻，积累了盐来酒往的深厚历史，传承了优良的红色基因。土地上居住的人们，经过一重重文化洗礼，在大山中开创传奇事业，延续着勇敢开拓的精神脉络，在贫瘠处开拓生路，发展起盐道和酒业。这些来自历史的文明，铸造了习酒人的性格底色，也体现了习酒人不甘平凡、积极进取的精神，他们的后人，也传承着简朴的精神，不断在山谷中开基立业。

考察选址：黄金坪上建酒厂

殷家酒坊之后，船来舟往的二郎滩航运热闹非凡，但酿酒业却沉寂许久。直到1952年的一天，这片长满荆棘的土地，才迎着新中国的朝阳，等来了新的酿造生机。

1952 年，中国白酒行业巨变，在北京召开的第一届全国评酒会评选出了八大名酒，震动全国，掀起了酿酒生产的新高潮。彼时，饱受战争侵害的中国百废待兴，急需发展现代工业。对此，贵州省仁怀县政府积极求变，思忖如何在群山之中兴办工业。

此前的半年多，仁怀县政府买下茅台镇成义烧坊，成立了"贵州省专卖事业公司仁怀茅台酒厂"，这成为国营茅台酒厂诞生的标志。

独木难成林，为发展壮大酿酒工业，1952 年，仁怀县工业局派出考察小组，从茅台镇出发，沿着赤水河顺流而下，意欲寻找一个适宜酿酒的新基地，再建一座酒厂。

位于仁怀县回龙区二郎滩头的黄金坪（早期名为"黄荆坪"，后因酒厂在此处建立，给老百姓带来福音，人们便将"黄荆坪"改为"黄金坪"，本书统一称为"黄金坪"），就在这样的历史背景下跃入了考察小组的眼帘。

回龙这个地方，颇有历史底蕴。明万历年间，明王朝为稳定西南，曾发起了一场著名的平播战役。战役之后，仁怀、习水一带逐渐开始实行军事屯田，汉人和士兵大量迁居至此，垦荒造田，随之建一小庙名永安寺。清咸丰五年（1855 年），小庙扩建为大庙，香火鼎盛一时。当地人传，庙中大殿柱上的雕龙，在日复一日的香火浸润下，开始有了灵气。后来，当地人便将大庙称为回龙寺。回龙寺常有人气聚集，20 世纪 30 年代，回龙寺附近建回龙场，新中国成立后，建立回龙区。

黄金坪位于回龙区西南方向，地处赤水河畔，由于紧邻河岸，明清时期自然形成了一个繁华、富庶的盐商集散码头。但后来因洪水灾害引发了山体滑坡，大部分房屋坍塌，本地百姓被迫迁徙，大片丛生的黄荆树四处蔓延生长，因此得名"黄荆坪"。再后来，人们在这块荒废的土地上重新开垦种植，修建房屋，这里也逐渐形成村落。

1952 年，当仁怀县工业局的考察小组顺水而下到达黄金坪时，看到的不仅是赤水河边村落的老旧房子，还看到了这片土地上潜藏着的得天独厚的自然酿造优势。

考察小组成员站在黄金坪村的半山腰上举目望去，大娄山脉东南向西北的绵延走向呈巍巍壮观之势，高度尽在千米以上，但到了二郎滩头的黄金坪，山系海拔却骤降至五百米以下，极大的海拔差异，形成了一个天然的河谷。黄金坪脚下，又是不断奔流的赤水河。酿酒人常言"水乃酒之血"，没有足够优质的水源，酿不出高品质的酒，而清澈透明、水质良好的赤水河，正是酿造好酒的关键。

经过多番勘探，考察小组成员一致认为，黄金坪的水文、温度、气候等自然环境与茅台镇极其相似，适合建立酿酒厂。事实上，如果当时仁怀县工业局考察小组的仪器足够发达，不只靠一双眼、一双脚和一双手，那么他们能更清晰地认知到，这里就是一个天生适合酿酒的宝地。

黄金坪因地处赤水河谷，两岸大山有着近千米高，而河谷海拔最低仅为 300 多米。河谷内常年湿润，冬暖夏热少雨水，像一个天然的"蒸锅"。村落所处的赤水河段上下游处又多有迂回曲折的河道，两岸大山在曲折转向处横生，将十里河谷"封口窖藏"，形成的得天独厚的特殊小气候，极有利于酿酒过程中发挥重要作用的微生物群落生长、富集，成为习酒酿造的天然优势。

作为酿造水源的赤水河没有杂质，入口微甜，酸碱适度，钙镁离子含量、硬度也都符合优质饮用水标准，是酿造的天然之水。

另外，黄金坪附近的土壤土质松软，间隙大，沙石和砾石含量较高，具有良好的渗透作用，并且含有多种有益人体的微量元素，能够更好地净化水质。这种得天独厚的自然环境，成为酿造酱香酒的独特地域优势。

考察小组看到了黄金坪优越的酿造环境。经过走访，小组成员发现村子里存有殷氏留下的老酒坊。自然和历史条件的双重优势，让他们当即决定：将黄金坪作为新生产基地，并在此处大力发展白酒工业。

当时谁也不曾预料，正是这次考察，正是这次选址决策，成为日后中国白酒业传奇企业——习酒集团诞生的起点。

1952 年，仁怀县工业局买下殷氏流传下来的白酒老作坊，一同购入的还有相邻的 2 间民房，共 7 间房屋，正式拉开了筹建仁怀县郎酒厂的序幕。但因地处偏远，交通闭塞，"地无三尺平"的黄金坪还未实现通水通电，当地居民还未摆脱日出而作、日落而息的小农经济生产模式，这与仁怀县政府所期待的工业化生产相距甚远。于是建厂计划暂时搁置。直到 1956 年，经过五年时间的开荒、筹备，酒厂的建立才终于有了眉目。

沿着悠长的历史回溯，习酒的诞生机遇正是由于具备"老天爷赏饭吃"的天然优势，而这份自然的馈赠，成为日后习酒发展壮大不忘遵循的根本，也是历代习酒人尊崇且珍视的宝贵资源。

诞于自然之境，生于巍巍崖壁。习酒壮阔的发展历程以此为起点，开启了新的篇章。

同宗同源：茅台邹定谦派驻郎酒厂

1956 年，仁怀县工业局调派茅台酒厂副厂长邹定谦到黄金坪主持酒厂工作。

茅台与习酒分别位于赤水河中游和中下游，一衣带水，同宗同源，历史注定将二者凝聚在一起。当茅台酒厂副厂长邹定谦前往仁怀县郎酒厂主持工作时，就预示着茅台的基因被注入到了习酒中，也奠定了习酒与酱香型白酒一脉相承的基础。

邹定谦生于 1924 年，家中世代酿酒，其父亲邹仕科是家族中的族长，善经营，开有一间酿酒作坊。因为家世的原因，邹定谦熟悉酿酒的生产过程。但他对自家作坊生产"高粱酒""苞谷酒"的简单技术并不满足，于是，他经常赶往茅台，同"成义""荣和""恒兴"几家烧坊（茅台酒厂前身）的酒师结为朋友，一来二去，从中学到了很多酿制酱香酒的知识和技巧。

1949 年，邹定谦参加工作，次年仁怀县解放，他成为县政府的工作人员。当时，茅台已有多家白酒烧坊，以酿酒为主业，名扬天下。作为仁怀本地人，又因本身酿酒知识丰富，邹定谦成为组建茅台酒厂的主要技术骨干。

邹定谦是茅台酒厂扩建选址考察小组成员。1956 年，年仅 32 岁的邹定谦收到调派令，又带着完整的茅台酒生产工艺进驻黄金坪。借助老酒坊，邹定谦利用 6150 元启动资金对原有的作坊进行了翻修扩建；购入相关生产设备后，又招收了 30 多名工人。仁怀县郎酒厂就这样正式成立了。

仁怀县郎酒厂占地面积 300 平方米，主体基础设施是黄金坪白酒作坊、民房及老作坊，共有旧房子 7 间。以此为基础，邹定谦组织人手改建了制曲室、存酒库、磨料房等，另外，还修建了生产房、存曲房 7 间，修改扩建了 7 个酒窖。

建厂之初，生产条件十分艰难。尽管邹定谦家学深厚，带来了成熟的酿造工艺，可是，当时场地、工人，成系统的管理方法和技艺全都没有。邹定谦只能在本地招募工人，从无到有建立起仁怀县郎酒厂的雏形。

当时，酒厂干部的办公室和工人的宿舍，都是向村民租用的民房，磨料的石磨也是向村民租借的，工人每天工作约 15 个小时。

在这种形势下，最早的一批习酒人在二郎滩开辟出第一块酒厂地基，心存志向，一心要把酒厂发展起来。邹定谦将在茅台酒厂积累的工作经验带到仁怀县郎酒厂，为二郎滩带来了酱香型白酒酿造的核心技术——回沙型酿造工艺。

回沙工艺是酿造酱香型白酒的独特工艺。"沙"是仁怀本地的细小红色高粱，回沙则是在酱香酒生产中，进行反复发酵的过程。整个酱香酒生产历时一年，分两次投粮，在第二次投粮后，加入尾酒和曲药，经一个月堆积发酵后接取原酒。之后每隔一个月，均对原料进行堆积发酵蒸馏的回沙操作，分别接取不同轮次的原酒。第八次发酵后的原酒一般不取，而是作尾酒经稀释后回窖发酵。一年之中，酱香酒的生产完成两次投粮，九次蒸煮，八次发酵，以及七次取酒。

这项繁复的酿造工艺最早可以追溯到明代，当时赤水河流域已经形成了回沙酿酒法的雏形。邹定谦在组建仁怀县郎酒厂时，已经是茅台酒厂"第一代技术领军人物"，掌握了成熟的回沙工艺。在仁怀县郎酒厂建厂伊始，邹定谦就将酱香酒工艺作为酒厂的"内家功法"、看家本领，为习酒的香型定下基调。

酱香型白酒的酿造工艺，最适宜在封闭、湿润的河谷中操作，恰好二郎滩的自然环境得天独厚。借助成熟的生产技术和生产设施，仁怀县郎酒厂的工人们开大堰水引流入厂区内供应生产用水，正式投产酿造回沙郎酒。

1958 年 4 月，酒厂第一次投粮，一年时间生产出近 100 吨"贵州回沙郎酒"（散装产品），主要在当地及周边市场销售。然而，谁也没想到，这 100 吨回沙郎酒是仁怀县郎酒厂的第一批酒，也是最后一批酒。

在完成一个生产周期的烤酒后，三年困难时期带来的影响波及企业。粮食紧缺，巧妇也难为无米之炊。1959 年，酒厂全线停工，邹定谦被调回茅台酒厂，其他员工走的走、散的散，整个产房只剩下大门上的一把锁，仁怀县郎酒厂至此画上句号。

仁怀县郎酒厂从投产到停产，虽然只有短短三年，却在习酒历史上留下了丰饶的酿造之火。毋庸置疑，殷氏酒坊是习酒起源的重要历史前脉，仁怀县郎酒厂在黄金坪开创的酿酒事业是习酒的重要开端。邹定谦等老一辈创业者埋下火种，成功酿出与茅台同宗同源的回沙郎酒，并留下一批重要的生产厂房，因此后人才能在前人的基础上接力踏上酒路征程，感应历史回响。

创业维艰：三人起步复产复酿

20 元能够做什么？对于生活在 21 世纪的我们，20 元的价值不过等同于一顿果腹的午餐。而在 20 世纪 60 年代，这笔钱却让日后创造两百亿元营收的白酒企业——习酒，在大山深处得以重建。

1962 年，中国工农业经济开始复苏，国家粮食政策有所放宽。当时仁怀县回龙供销社在区政府支持下，争取到拨粮计划。为了满足回龙、周家、永兴、瓮坪、郎庙等地老百姓的饮酒需求，同年 9 月，回龙区供销社派曾前德、蔡世昌、肖明清前往黄金坪，让三人利用废弃的原仁怀县郎酒厂厂房恢复生产，厂名更改为"仁怀县郎庙酒厂"。

曾前德、蔡世昌、肖明清三人之中，25 岁的曾前德曾经担任过五年的小学教师和校长，文化水平最高，于是，这个年轻的后生便带领着年长的蔡世昌、肖明清一起重建酒厂。

虽说是重建，可由于三年的闲置，生产厂房早已破败不堪，原有的技术工人也不见了踪影，要想恢复生产，实际上就是在原址上从零开始。曾前德在工作笔记中回忆道："经过三年的风吹雨打，木瓦房已是残垣断壁，四面通风，摇摇欲坠。"雪上加霜的是，酒厂不再是仁怀县工业局下属国有企业，而是供销社下属的一家集体企业。这一变化带来的直接影响是，供销社资金有限，只能拿出 20 元重建经费让他们买竹子箍酒甑子。

没有资金，没有设备，没有技术，连原先经过成功实践的酱香酒酿造技艺，都因生产环境和能力限制而难以复用。饶是如此，路数全然不通的习酒人也不曾知难而退，反倒是拿出"雄关漫道真如铁，而今迈步从头越"的坚定意志，逢山开路，遇水搭桥。

穷则思变。资金不足，那就将每一分钱都用在刀刃上，因此三人奉行一个原则：能自己动手解决的就自己干，能找人帮忙解决的就找人帮。房屋破旧，那就动手修缮、补漏，如盖房顶、补墙壁、修地灶、整地坪等工作，他们无不亲力亲为。

在修缮过程中，对于无钱购买的木材等必需建筑原材料，便征得当地生产队队长同意，在周边生产队的山林砍一点木料。缺少生产设备，那就自己动手，打木甑、拼甑盘，制作木桶，一些木质生产用具都是他们利用房屋修缮时剩下的木材手工打造的，只有一口铁锅和计量器具是他们跑到 30 公里外的习水县城购得并肩挑背驮带回来的。拼拼凑凑，他们终于把设备装起来了。

没有粮食，就翻山前往 10 公里外的回龙粮站购买。不懂技术，就四处寻师问道，拜访赤水河两岸及周围的老酒师，不停地参观学习。在交通闭塞的山坳，公路不通、山路难行，三人的脚上起了水泡，肩膀磨出老茧；累了，和衣入梦；饿了，以粮充饥。三人靠自己勤劳的双手撑起了酒厂的一片天。

一切从零起步。

在众人的不懈努力下，仁怀县郎庙酒厂有了雏形，可谓"酒事俱备，寻重阳"。1962 年 9 月，众人选在重阳节这个特殊的日子，庆祝酒厂正式重建。九九重阳节，寄予习酒人对酒厂的美好期盼："九好，即酒好！"

彼时没有人知道，就是这次艰难的重建，让当时还是一家小作坊的习酒实现了关键性的复生。

习酒人历来所传承的勤劳朴实、艰苦奋斗精神，在三人起家时期就已经融入了酒厂发展的血脉之中。奉行"天行健，君子以自强不息"精神的曾前德、蔡世昌、肖明清三位创业者及其他无数佚名的酿酒前辈，以卓绝勇气与艰勇毅力奋斗，在贫乏中创造奇迹，在荒原上起家；他们秉承习酒精神，搭建起事业基石；他们更是用勇毅与坚韧共同铸就了习酒君品文化的基因。

"莫道征程多险阻，笑将磨难作诗吟。"老一辈创业者慷慨豁达的苦乐之辩共同塑造了习酒的群体奋进精神，并激励了一代又一代的习酒人，成为习酒人共同的精神信仰。

第二节
探索：坚韧者凭意志不屈

酿酒工艺：初探小曲之香

仁怀县郎庙酒厂重建，在基本解决了厂房建设等一系列问题之后，又在酿酒工艺上遇到了难题。

一方面，此次重建是在三年困难时期刚刚过去不久，物资还处于相对匮乏的状态；另一方面，酒厂才完成基础架构，人员仅他们三位，且三人在此前从未接触过酿酒，完全是门外汉。

当时在工艺抉择上，无论是出于原料成本还是酿造技术的考虑，郎庙酒厂都不适合选择继续生产回沙郎酒或相近工艺的白酒。因此，经过多方面综合评估，他们将目光转向成本低、生产周期短、出酒率高的散装小曲白酒。

小曲白酒属于小曲浓香型白酒，与酱香型白酒有着本质上的区别。最直观的区别体现在曲药上，酱香型白酒使用大曲，曲块类似砖块，重达 8 斤。小曲白酒使用小曲，多为球状，体积更小。从生产工艺来讲，酱香型白酒的生产周期更长、工序复杂、窖藏期长，因此成本较高；而小曲白酒的生产工艺较为简单，由固态蒸馏而成，发酵周期仅为 5～7 天，出酒率高。在原料方面，酱香型白酒以高粱为主，因靠单边糖化、单边发酵生产，所以对原料处理要求较高；而小曲白酒的生产原料种类繁多，如高粱、玉米、小麦、大麦、青稞、稻谷、薯类等均可，在粮食紧张的时候，还可以使用"土茯苓"和"青杠子"作为代粮品。

总的来说，小曲白酒具有投资少、用曲少、成本低、发酵周期短、出酒率高的特点。基于以上原因，虽然小曲白酒在酒质上比不上大曲酱香酒，但由于创业初期资金不足，小曲白酒的特质更能满足当时的企业发展和市场需求。

要真正撑起这座酒厂，现学酿造技术刻不容缓。曾前德、蔡世昌、肖明清三人选定技术路线后，在下班之后不断奔走在酒厂周边、赤水河两岸及其他地方，只为拜访酿造经验丰富的老酒师，寻师问道，探索酿酒奥义。

边干边学，三人齐心协力，终于顺利把酒酿造了出来。1962 年 10 月 7 日，郎庙酒厂正式投粮，生产小曲白酒，日产量约 100 公斤。

酒厂小曲白酒最初所使用的曲药是"糠曲"（也称"坨坨曲"），即用稻谷粉碎后，添加中药材和水做成小方块形状，自然接种，特定培养而成的小曲药。后来，酒厂又使用"米曲"，其类似于"糠曲"，但培养基选用大米，成曲为小颗粒状。两种曲药都为"有药曲"，亦称"无菌曲"，全靠自然接种培养，出酒率仅有40%左右（以55%vol计）。

"糠曲"和"米曲"原本是外购的，试产一年后，曾前德三人决定自制曲药。一方面能够降低成本，另一方面是为了掌握核心工艺。1963年底，他们开始钻研纯种制曲方法，这种纯种制曲也叫"有菌曲"。曾前德多方奔走，从科研单位购买"根霉"和"酵母"菌种，自学接种和扩大培养有菌曲技术。

当时，酒厂连像样的实验工具都没有，但艰苦的条件并未阻止他们三人的脚步。他们用酒精灯来建种，还自制了一个大木箱做菌种培养箱，将罩着玻璃罩的煤油灯放在大木箱内，利用煤油灯的热量实现加热与保温。但煤油灯有很多煤烟，会产生一氧化碳，影响酵母和根霉的培养。为解决这个难题，曾前德又用牛皮纸在玻璃罩上做了一个小烟囱，把煤烟一点一点地排出来。他们用这种土洋结合的方式，最终培养出了曲药。

此外，曾前德还在小曲酒醅中加入少量大曲曲药，出酒品质得到了提升，口感也得到了改善。至此，小曲白酒在三人的大胆创新与改良下，产量和品质显著提高，特别是曲药改良以后，1964年，郎庙酒厂的小曲白酒日产量约200公斤，月产量近5000公斤。到1965年，小曲白酒出酒率达 57%，在省内同款白酒中居于首位，大放异彩。

小曲白酒的成功带给曾前德三人的不仅是喜悦，更提振了他们对酿酒事业的信心。如他们所判断，小曲白酒大受市场欢迎，在周围几个场镇十分畅销。旺盛的需求促使酒厂快速发展起来，郎庙酒厂此时不仅恢复了生产，也解决了发展所需的资金问题。

三个人的白酒作坊，既要制曲，又要烤酒，工作量巨大，不分上下班、不分白天黑夜、不讲报酬几乎成为常态，像他们这样勤劳辛苦的还有二郎滩头拉货的纤夫。纤夫们唱着整齐的号子在河滩上拉船，拼尽全力，让载重数千公斤的货船摆脱险滩，驶向更为广阔的天地。曾前德有空就坐在河边畅想，希望有一天，酒厂的货也能够出现在这些货船上。于是，他坚定脚步，继续往前走，一直往前走。

在有限的条件下，曾前德、蔡世昌和肖明清三人顺应自然之道，尊重市场规律，不断探索与尝试新的酿酒工艺。小曲白酒的成功研制，也为之后习水大曲的研发试制奠定了基础，而这款浓香型大曲酒正是他们走出大山的关键。

产品升级：再探黔派浓香

1965 年，在仁怀县郎庙酒厂恢复生产后的第三年，贵州省对仁怀、习水、赤水三县行政区划进行调整，仁怀县郎庙酒厂所在的回龙区被划归习水县管辖，因此，酒厂便更名为习水县回龙区供销社郎庙酒厂。

积累了三年酿酒经验的曾前德、蔡世昌、肖明清为郎庙酒厂制订了更清晰的规划。他们清醒地认识到，如果继续酿制散装小曲白酒，虽然能保证酒厂一时的生产销售，但酒厂根本无法做大。不甘心永远只做小作坊的老一辈习酒人，一致决定进行产品升级。根据当时已有的酿造技术和条件，他们决定酿造浓香型大曲白酒，也就是后来的习水大曲。

浓香型大曲白酒的酿制比小曲白酒复杂得多。为了尽快掌握工艺技术，曾前德先后拜访了四川省古蔺县郎酒厂厂长云宗棣、泸州老窖酒厂技术副厂长赖高淮、茅台酒厂技术副厂长李兴发，并与他们结下了深厚的友谊，他们也倾囊相授秘不外传的酿酒技艺。

在试制浓香型大曲白酒的过程中，隔河相望的地方国营古蔺县郎酒厂为郎庙酒厂提供了大力支持，且无偿提供了烤制浓香型白酒所需要的曲药、糟醅、窖泥等工具。往后的日子，曾前德、蔡世昌、肖明清三人披星戴月、汗流浃背，来往赤水河多趟，才将这些宝贵物资一背一背地背回酒厂。可以说，习酒的发展离不开赤水河两岸兄弟酒厂的支持，酒厂间的相互帮助、共同成长，才成就了日后繁荣的赤水河酒业。

1966 年 9 月，在具备一定的理论知识与经验的基础上，郎庙酒厂开始试制浓香型大曲白酒。众人将木桶当窖池，在木桶内壁抹上从郎酒厂背回的优质窖泥，初次投粮 200 斤，经过 40 天发酵后，蒸馏取酒 82 斤；第二次投粮 200 斤，取酒 91 斤。两次所取白酒的酒液都澄明清澈、香气浓厚、回味悠长，得到了一致好评。

浓香型大曲白酒试制成功后，为了得到更多的认可与支持，酒厂决定将样品酒送往习水县政府有关部门品鉴。可在选送样品的紧要关头，这个贫瘠的小酒厂却找不出一个像样的容器。多方打听后，曾前德发现，黄金坪很多村民习惯用猪尿包装菜油。于是，他灵机一动，将猪尿包洗净，用石灰去掉油脂和腥味，洗净、吹胀、晾干后，再往里面灌装白酒。

待一切准备就绪，曾前德背着样品酒向县城出发。出发时，他一个人小心翼翼地走在崎岖又坎坷的山路上，背篓里是用猪尿包盛装的酒，他不能有丝毫大意。终于，经过近 5 个小时的徒步，他到达了县城。看到用猪尿包盛装的大曲酒，县领导们十分诧异。在曾前德表明来意后，细尝他跋山涉水带来的样品酒，县领导们纷纷给予高度评价。

尽管盛酒的器具极其简陋，甚至有些拿不出手，但结果皆大欢喜。经化验分析，样酒符合浓香型大曲白酒的理化指标，口感与市面上的其他大曲白酒接近，准允酿制。习水县政府高度重视，决定下拨 8 万斤红粮给郎庙酒厂，以示认可和鼓励。在那个物资匮乏的年代，粮食就是酒厂的命脉。因此，这 8 万斤红粮为酒厂之后的发展奠定了坚实的基础。

获批粮食后，曾前德、蔡世昌、肖明清三人兴奋不已，也更加坚定了他们奋发图强的信心。

试酿成功后，生产很快开展起来。三人一起对原先用于酿制酱香白酒的四口石头窖池进行培修，将其做成适于浓香型大曲酒的发酵窖池。同时，曾前德在加强对有机化学、微生物学等知识的学习之余，还对投产后的每一口窖池的原始情况进行记录、整理，并多次外出参观考察，进行技术交流，最终形成成体系的大曲酒酿造工艺。他制定出一套完整的工艺流程及操作规范，并在此基础上正式开始浓香型大曲酒的生产。

准备就绪，1967年，三人进行第一次试生产，投入高粱6000公斤，产酒2479公斤，出酒率41%（以60%vol计）。习酒历史上的第一批浓香产品问世，取名"习水糯酒"。

1970年，"习水糯酒"更名为"红卫大曲"。次年，"红卫大曲"更名为"红卫牌习水大曲"，1973年又更名为"习水牌习水大曲"，成为一代经典。

习水大曲以其无色透明、香味浓郁、爽口绵甜、不辣喉等特点，受到广大消费者的青睐。二十世纪八九十年代，习水大曲一夜之间走红，成为中国酒业明星产品，出口东南亚国家及太平洋地区，先后荣获"贵州省名酒""拉斯维加斯金奖""帆船金奖"等30多项殊荣。

有道是："十年挥汗终得偿，今朝一举收满仓。"正是因为有曾前德等老一辈习酒人执着的创造和探索，才有了后来第一次投粮、发酵、蒸馏，直至试制浓香型大曲酒取得成功；有了他们用猪尿包装酒徒步到县里报喜获批 8 万斤粮食，才有了后来家喻户晓的习水大曲。习水大曲的问世，为推动当时习酒的发展起到了举足轻重的作用，亦为习酒的可持续发展蓄积了强大的能量。

国营化：引设备提技术

首批浓香型大曲白酒成功生产，1967 年 10 月，习水县政府决定将回龙区供销社郎庙酒厂接收为国营企业，由县糖业烟酒公司经营，以进一步加快地方酒业发展。10 月 23 日，习水县糖业烟酒公司与回龙区供销社正式办理移交手续，酒厂更名为"中国糖业烟酒公司贵州省习水县公司红卫釉酒厂"（以下简称习水县红卫釉酒厂）。因为中国糖业烟酒公司归原商业部管理，所以习水县红卫釉酒厂逐渐转为原商业部隶属企业。

国营化促使酒厂命运发生至关重要的改变。曾前德、蔡世昌、肖明清三人被接收到新单位继续工作。1967 年 12 月，习水县红卫釉酒厂扩招第一批工人，江守怀、陈长仲、袁本安、方向凯等人员进厂。1968 年 12 月，酒厂又陆续招收了罗淮吉、刘相浦、刘超群等 7 名工人，组成一支 14 人的生产队伍。

1969 年，第三批扩招工人进厂，他们大多是充满干劲的知识青年。早在 1966 年 5 月，习水县这个地处黔北深山河谷的小地方，就开始一批一批地涌入从省城和全国各地赶来的年轻人。这些年轻人日复一日地出现在田间地头，犁田薅草、打耙插秧，什么都干。县区乡村四处闹哄哄的，气氛异常热烈，人人干劲十足。

1969 年，习水县红卫釉酒厂便在这群自称"鳌部知青"的年轻人中，一次性招收 7 名知识青年。新招的 7 人中，有一位回乡知青，名为陈星国。在陈星国的认知里，酒厂也就 20 来人，几口大地窖，一口酒甑子，酿一个月酒，还装不满一卡车。

当时酒厂基础设施落后，不通电、不通车，从回龙区政府到酒厂，全凭两条腿。

随着新工人进厂和酒厂产品销量一路走高，习水县红卫釉酒厂原有的生产设施和场地逐渐难以负载更大的产能，要电、要路、要基建成为酒厂的当务之急。

1969 年，习水县商业局下拨 1.2 万元用于扩建厂房。原先的山坡坳谷被推平，工人日夜赶工打地基、建楼房。从贵阳、遵义进入习水县、土城镇等地的毛坯山路上，除了像往常一样有载货卡车出入，还骤然增加了很多载货拉料的解放牌汽车。

从习水县红卫釉酒厂加强基础设施建设起，酒厂里的新设备开始多了起来。1970 年，酒厂经数次申请和接洽后，终于争取到一台 6135

型柴油发电机。

在公路不能直通黄金坪的情况下，6135型柴油发电机先由拖拉机拉到土城区（今习水县土城镇），再从土城装船，沿赤水河靠纤夫拉到二郎滩渡口。发电机抵达二郎滩的那一天，赤水河两岸聚集了很多围观村民，他们眼看着习水县红卫釉酒厂的员工把这个新奇的"大家伙"搬回了厂里。

换车、换船、换人力，好不容易把6135型柴油发电机运回厂里，一道难关却摆在眼前：没有人会操作这台发电机。

当时，曾前德忙里忙外，四处打听，寻找会操作发电机的人。在新招的一批知青中，李志胜懂得一些无线电知识，曾前德便让他和从外面请来的一名代课老师王青镇共同研究。两人废寝忘食地"鼓捣"，突然一天，发电机"突突"转动起来，两人一惊，猛一抬头，发现头顶的电灯亮了。周围的百姓闻讯而来，看着微弱的灯光，高兴得热泪盈眶。

在第二次工业革命诞生电力技术的两百多年后，电灯终于照亮了赤水河谷的这片善酿之地。从时间的纵深中，可以看到习酒在历史上一直不断缩小与时代发展的差距。

电通了，改善酿造基建的步伐也快了起来。原先没有通电时，酿酒用的粮食需要人力背到碾房，利用水力碾碎粮食。通电后，破碎机代替了原来的水碾，第一台酒厂自己研制的电动木质凉糟机也在 1970 年问世，机械化逐渐起步。

习水县红卫釉酒厂的习水大曲质量高、销量广，可在产品发展势头愈发迅猛时，新的问题也接踵而至。酒厂生产需要消耗大量的粮食，随着白酒销量一再猛涨，固定的粮食拨划量却越来越不够用了。没有粮食，就酿不出酒，酒厂便会迅速陷入恶性循环，这让习酒人焦头烂额。

不过很快，转机就出现了。1971 年，习水县糖业烟酒公司获悉广西桂平一家酒厂正处开发新产品的瓶颈期，于是主动联系酒厂。作为交换，广西桂平的这家酒厂向习水县提供酿造大曲的生产原料，习水红卫釉酒厂派人帮助他们，指导生产，与他们共渡开发难关。经习水县政府批准，酒厂委派曾前德即刻动身前往广西桂平。

抵达桂平后，曾前德迅速进入岗位，带领工匠师傅从制曲、挖窖、培养窖泥和母糟开始工作。对曾前德而言，酒厂着急用粮，晚一天就意味着成品酒问世也会晚一天；对广西桂平这一酒厂来说，亦需要争分夺秒地开发新品。所以，曾前德极尽可能地缩短两方的耗时，从抵达桂平酒厂到完成新产品技术指导，只用了 110 天。

曾前德离开桂平前，酒厂生产出的合格新酒已经超过 3 吨。不仅如此，他还辅助酒厂针对这一新技术，明确了完整的生产操作规程，制定了各项生产环节的规范性标准。后来，经曾前德帮助开发的新产品获名"乳泉酒",一经问世便广开销路,逐渐成为享誉广西的地方名酒。与此同时,习水县红卫糁酒厂缺粮的燃眉之急也迎刃而解。

正值习水县红卫糁酒厂一帆风顺之际,从岔角滩到酒厂的土坯公路也终于修通,这意味着外界可以直通酒厂,此后再也不用像首次接回 6135 型柴油发电机一样辗转数次了。

为了庆祝黄金坪正式通达外界,习水县红卫糁酒厂在这条土坯公路上选择了一段相对平直的路面,开展了 50 米职工短跑比赛。一年后,黄金坪到回龙的公路也建成通车。

就是在这样日复一日的设计、修建、启用的循环中,习水县红卫糁酒厂的发展引擎加速转动了起来。

酿造工艺:首批酱香型白酒成功试制

二十世纪六七十年代的中国白酒行业,正处在思潮涌动的热烈期,全国各地的酒厂都在广开试点、钻研工艺、总结生产、探索酿造奥秘。此时的习酒也赶上了中国白酒的蓬勃发展热潮。

一个企业要发展、要壮大,就必须不断探索,开发新产品,老一辈习酒人对此从未停歇。完成浓香型大曲酒的探索后,1976 年,习水县红卫糁酒厂为恢复原来酱香型白酒的生产,开始了酱香型白酒的试制。作为生产、技术和质量负责人的曾前德，带领着一众工人走上了酱香型白酒的试制之路。

十多年的生产经营，习酒人积累了宝贵的酿酒经验。曾前德意识到，要想在科研道路上前进，取得成果，就必须在专业性方面进一步提高。于是，他自学生产技术，酿酒专业知识不断丰富，技术水平得到很大提高，为试制酱香型白酒奠定了技术基础。

理论知识已经有所积累，去哪里学习实操经验呢？不同于浓香型白酒对窖池和老糟等酿造条件的要求，酱香型白酒更加注重酿造工艺，制曲、发酵、贮存，都是不同的学问，需要花费更多的时间去探索。

全面、精准掌握酱香酒酿造工艺技术的酒厂，就是茅台酒厂。1956 年，从茅台酒厂邹定谦到仁怀县郎酒厂主持工作开始，两家酒厂就结下了渊源。因此，曾前德循着这条线索，到茅台学习、取经，观摩酱香型白酒的酿造过程。

那时，黄金坪不通公路，溯流而上的赤水河水流湍急。心怀壮志的曾前德为恢复酱香酒的生产，多次连夜赶到茅台酒厂"偷师学艺"。茅台酒厂车间开工早，他只能拖着疲惫的身体观摩学习。学习完，有时可以一起乘茅台酒厂的船返回，有时只能与同伴在黑暗中打着手电，沿着山间险途徒步 50 公里回到二郎滩。赶夜路途中，他片刻不能停歇，直到曙光初现、夜尽天明才能到达目的地。就这样餐风饮露、夜以继日地往返两地数次，他终于掌握了制曲、下沙、造沙、取酒、贮存、勾兑等一系列酿酒工艺。

首批酱香酒试制从 1976 年秋天开始，工人们在原仁怀县郎酒厂老车间生产"贵州回沙郎酒"留下的几个窖池进行中试生产，恢复了中断近 20 年的酱香酒的生产。

从 1976 年秋天到 1977 年，老一辈习酒人在各路学习的基础上大胆摸索实践，按照固态大曲法生产工艺，实行工艺改革，改变投料、发酵和窖池建造方法，产酒 5.961 吨，其中红粮出酒率 31%。

在首批酱香酒试制成功后，1977 年 10 月，习水县红卫糟酒厂被贵州省商业厅糖酒公司接管，厂名变为"贵州省习水酒厂"（以下简称习水酒厂）。

对于新产品酱香酒，原本的计划是模仿浓香型大曲白酒的道路，试制成功之后就批量生产。由于当时原料不足，习水酒厂没有接到批准生产酱香酒的通知，于是酱香酒的生产不得不停止，这对于全体员工来说，无疑是一个沉重的打击。但他们并没有放弃，仍然积极奔走，希望唤起"搁浅"的项目。习水酒厂管理层不得不年年向省、地、县相关领导请示汇报，并送去试制酒样。在习水酒厂管理层锲而不舍的努力下，贵州省科委终于在 1981 年将酱香酒的研制下达为重点科技项目计划任务，下拨 3 万元经费给习水酒厂，正式启动批量试制生产。

1983 年，习水酒厂开启酱香酒的序幕，红粮出酒率 41%，粮曲出酒率 23%，综合产酒成本每吨 1668 元。同年，经省级专家鉴定，习水酒厂生产的酱香酒获得"清澈透明、酱香明显、酒体醇厚爽净、具有酱香酒风格"的评价。

新产品被命名为"习酒"，一是指明此酒的产地是习水县，二是意在取用"喜酒"的谐音，寄予美好祝愿。这款承担着重任的新产品，不仅在口感上体现出习酒人对品质的极致追求，在包装设计上也显示出他们对产品的重视与期盼。

为了打造亮眼的包装，习水酒厂有关负责人拎着酒，怀着忐忑的心情找到书法家陈恒安先生，恳请先生题写酒名。

得到陈恒安先生的墨宝之后，习水酒厂负责人又拜访当红的高级工艺美术师马熊。深入沟通后，马熊几易其稿，形成了最终的设计方案。他将"习酒"酒瓶设计为圆柱形，并在瓶颈处缠绕红色丝带，在朱红色的瓶标上，描画了金色的苗绣花纹。整体设计，蕴含贵州和习水的地域文化元素，为习酒增添了更丰富的人文情怀。陈恒安先生题写的"习酒"二字，刚劲有力、笔酣墨饱、厚重健实，与整体设计相得益彰。[①]

1984 年，"习酒"甫一问世，迅速走俏市场，一路长歌，飘香九州。

---

① 肖科 . 老习酒的"贵州风"[N]. 贵阳晚报，2018-11-08.

从 1962 年到 1984 年，习酒艰难且曲折地起步，仅有三人的小作坊，一口大铁锅，两个木甑桶，几口旧窖池，全靠"手摸、脚踏、眼睛看"的传统生产，酿出了香漫赤水河谷的习水大曲。习酒人凭借对酿酒事业的孜孜追求，不断探索、进取，反复试制、勾调，让习酒在浓香、酱香两条路上渐行渐稳、渐稳渐远，真正实现"浓酱并举"，为贵州习酒开创"黔派浓香"第一品牌、稳坐中国酱酒第二把交椅奠定了坚实的基础。

第三节

变革：攀登者勇闯高峰

筑造根基：两期技改飞速发展

从 1970 年起，习酒人逐渐意识到，酒厂要变了，像是蛰伏多日待春来的蝶蛹，一场骤雨过后终于察觉春意来临，开始试图松动双翼，寻找破茧而出的缺口。

1978 年底，党的十一届三中全会召开，改革开放的春风吹遍神州大地，酒业乘势一路高歌迈向了商品经济。被屏障包围的习酒，也在解放思想的影响下，迎来了发展史上的第一个春天。

第三次评酒大会，正式提出白酒香型的概念，成为行业的里程碑事件，此后，白酒行业天下几分。为鼓励酿酒工业的发展，国家白酒税收比率从 60% 降到 30%，同时生产指标配额也全面放开，政策东风之下，中国白酒行业进入飞速发展阶段。

彼时，贵州省的酿酒工业初具规模。在 1979 年至 1989 年间，贵州省扩建了 24 家地方白酒酒厂，生产能力超过千吨的大酒厂也成批涌现，习水酒厂、遵义董酒厂、金沙窖酒厂、湄潭县酒厂、鸭溪窖酒厂等多个地方酒企赫然在列。

习水酒厂的扩产规划始于 1977 年，三年后，扩产步入实质性阶段。1980 年，习水县政府拨款 45 万元帮助习水酒厂提升产能，并为酒厂办理所需土地的征用手续，新建酒库 1500 平方米、曲房 1000 平方米、原料库 1000 平方米，并根据浓香 1100 千升、酱香 200 千升的规划进行扩产。

此时，习水酒厂基建工地热火朝天，占尽天时、地利、人和。以前，由于中国酒业受计划经济的影响，生产受限；改革开放之后，消费者收入增加，其对白酒的需求也随之增加，习酒抓住改革开放的机遇扩产，正是在产量上抢占先机。

从 1977 年第一期扩产，到 1984 年落下帷幕，长达 7 年之久的技改工程让整个习水酒厂的基础设施呈现出了完整的雏形。鳞次栉比的生产厂房、包装车间，焕然一新的酒厂办公大楼和员工食堂拔地而起，无一不印证着习酒飞速发展的事实。

相比早期几间旧木屋、几口锅、几个木甑桶的简陋条件，20 世纪

80 年代初，习酒开始告别过去的手工作坊，成为半机械化、年产千吨白酒的新型酒企。

改革开放之后，因为习水酒厂在扩产上大踏步迈进，生产经营难以跟上，内部面临着发展资金短缺的问题。1981 年，员工的奖金都发不全，当年 10 月仅有制曲、包装车间员工有奖金，其余员工的奖金没有着落。

同在这一年，在回龙区委工作的肖登坤临危受命，调到资金困难的习水酒厂。肖登坤迈进酒厂大门的第一天，就开始调研生产一线。

尽管做了翔实的准备，习水酒厂实际的生产困难并没有解决，肖登坤认为，应该挑选一个更合适的人带领酒厂发展。

因此，到了 1982 年，肖登坤主动让贤，几次向习水县政府推荐厂内负责生产的年轻副厂长陈星国，提出让真正能够带领酒厂走出大山的年轻人担当重任。很多人都不理解肖登坤的举动，叹道："老肖，真是为你的选择感到可惜。"肖登坤却释然一笑，他心里很清楚，想要解决酒厂的难题，必须搞好生产，让懂生产的年轻人带领大家一起干。

"入则恳恳以自忠，出则谦谦以自成。让贤不是任凭雨打风吹去，而是怀揣一蓑烟雨向前进。"这是习酒人对肖登坤最好的评价。而他在晚年回顾自己曾经作为习酒的老书记时，也感叹道："我这一辈子是光明磊落的，没有做对不起酒厂，对不起自己的事，所以我活得轻松自在，问心无愧。"

"老老实实做人，干干净净做事。因为我苦过，所以我不能让家乡人民再苦下去。"这不仅是肖登坤的心声，更是习酒人的心声。

回到历史深处，1982年，年仅32岁的陈星国接任习水酒厂厂长。果不其然，肖登坤的选择没有错，陈星国接任厂长之职后，将习酒领入了大建设时代，并在习酒发展史上留下浓墨重彩的一笔。

作为习水县回龙镇土生土长的汉子，初中毕业后的陈星国因家庭条件被迫辍学。1969年，陈星国进入习水酒厂从工人干起，在之后的十年里，先后当过工人、技术员、生产车间副主任、主任、生产技术股长。1979年，陈星国担任副厂长。英雄不问出处，可以说陈星国是凭借着踏实肯干的性格和勤奋好学的态度步步高升的。

陈星国上任后，锐意改革，试图把酒厂建设成基础设施完备的现代化企业，带领习酒走出贵州，走向全国和广阔的世界。

在陈星国的带领下，第二年，习水酒厂传来第一次盈利的喜讯，并直接投资了180万元建设酒厂，完成第一期扩产。进入1985年，酒厂开年的头等大事就是开展第二期扩产工程"七五"技改。与第一期技改注重厂内基础建设不同，第二期技改将重心放在了扩大酒厂产能上。此次扩产要求酒厂必须在1985年开始建设酱香型白酒生产车间，并保证在当年重阳节前投粮下沙，进入规模化生产阶段。按照规划，此次技改要在1989年底实现习水大曲3000吨、习酒3000吨的生产规模，扩充建筑面积达230266平方米。1975年，习水酒厂的厂区面积不过 7293 平方米，此次十年后的扩建相当于再建 30 多个习水酒厂[①]。

在扩建过程中，因为没有机器的支持，一切只能依靠人工，所以每在一个地方扩建，都会吸引一大批群众——有的来做工，帮忙锄土搬石；有的只是驻足围观，凑凑热闹。整个场面人山人海，声势浩大。那一辆接送施工人员的东风大卡车，在物资匮乏的年代显得好不威风，"习水酒厂"这几个字，也深深地留在了当地人的记忆中。

1977 年至 1990 年间，习水酒厂分别进行两期技术改造工程后，陆续建成了地跨黄金坪、向阳、东皇、大地四大生产区及大坡酒库的 2700 亩厂区。作为一家酒厂，初显发展为山中之城的底色。

变革提升：从上到下管理创新

1978 年，党的十一届三中全会后，改革开放成为中国新的时代命题。国家大政策下，习水酒厂也在思考改革之道，探索符合现代企业发展的路子。循迹而改，守正而革，而后变生，道生、路生、发展生、万物生。习水酒厂与时代同频共振，在蹒跚中寻求轻装简行，在落后和闭塞中奋力打开向外的门，通过改变摸索未来的路，谨循发展之道。

---

① 贵州茅台酒厂（集团）习酒有限责任公司.习酒志 [M].北京：九州出版社，2020.

厂长陈星国对习水酒厂进行了全方位的、大刀阔斧的改革。

1982 年，雷厉风行、处事豪迈的实干家陈星国走马上任。他从酒厂一线摸爬滚打成长起来，深知在铁饭碗、大锅饭的员工任聘规则下，酒厂内部的组织结构松散臃肿、员工企业意识涣散、上传下达的效率已经严重滞后，这些问题严重阻碍着习水酒厂快速发展的步伐。所以，一场拔根除弊的改革，已经刻不容缓。

于是，管理上，他推行厂长负责制、车间承包制、科室考核制，从上到下变革管理模式。人事制度上，他力保"唯才是举""能者上、庸者下"举措，改革传统的固定工制，提出公开招用合同工。

分配制度上，则一改平均主义的传统，实行职务工资和级别工资，根据工作性质和贡献大小按劳取酬。当时，陈星国公开宣布："我们不养懒人，谁干得多就应该拿得多。今后，工资分配向一线工人倾斜，就是要让一线工人的工资拿得让人眼红！""不管你是大官、小官、新官、老官，包括我陈星国，都不能坐铁交椅！凡厂内职工，不管原来的级别、工资，一律量才使用，能者上，无能者下！"

一边改革，陈星国还一边从各个科室征调精兵强将，牵头组织编写《经济责任制方案》《贵州省习水酒厂企业标准——岗位职责及考核办法》等标准化企业运行守则，逐步明确和落实各个环节的岗位职责和考核办法，进行内部改革，解决大锅饭、铁交椅的问题，着力疏通员工晋升通道，让酒厂干部和员工凭本事和效益自由晋升或降职。与此同时，陈星国毅然决定在车间实行承包制，在科室实行考核制，调动员工的生产积极性。

这些改革措施，逐步松动了已经在员工大脑中根深蒂固的僵化思想。果断劈下气势汹汹的改革之斧，导致职工队伍内出现了截然不同的两种声音，一边是非议和责难，一边是奉行和支持。毅然砸"三铁"，必然会动了原本的蛋糕，但是这位新上任的领导并不在意，他以超群的胆魄烧起一把火，为山里人照亮了还未曾想清楚的阻碍企业发展的企业管理机制改革之路。

对于在改革中被误解的一些事情，陈厂长处之泰然："我陈星国过去、现在恐怕将来都是有争议的人物。管他的，任人去评说吧，关键是看你能不能把黄鳝捅出来。"正是由于一心一意为了酒厂发展，尽管最初的企业改革之路并不通畅，可作为管理一把手的陈星国却仍走得笃定而强硬。因为阵痛是改革过程中的必经之路，阵痛过后才是下一轮新生，革除弊病才能更快重获新生。

质量是决定走向全国市场的关键，除了人事制度管理，进入 20 世纪 80 年代，习水酒厂狠抓生产管理，不断提高习水大曲质量。1982 年起，全厂上下提出"将产品质量看作企业的生命"的口号，开展"质量月活动"，大力加强产品质量第一的思想教育。

技术方面，习水酒厂开展了大量的科学实验，以提高产品质量，包括香糟回窖、黄水灌窖、配方优选等配合生产实际的实验。1983

年，习水酒厂还联动四川宜宾三江机械厂，实现了原料粉碎、拌和等机械的生产，同时尝试电子指挥系统，大大降低了工人的劳动强度，加快了生产速度。

与此同时，习水酒厂逐渐建立起质保体系，先后投入了大量资金，配备了各种先进的检测设备，不断强化质量控制手段。

习水酒厂以实干谋发展为导向，在酒厂领导卓越的引领和习酒人的集体努力下，习酒产能与规模迅速扩大。1984 年，在贵州省全省质量品评大赛上，习水大曲和习酒分别以 97.3 分、93.8 分的高分获得第二名和第三名。所谓不鸣则已，一鸣惊人，正是如此。

与此同时，企业员工福利随着改革深入同步完善。酒厂内的现代化歌舞厅、电影院、大坡球场、黄金坪灯光球场、活动礼堂等娱乐设施逐渐完善。解决员工子女就学的习酒子弟校，也迅速建成并正式开学。1985 年 9 月，习酒子弟学校由 3 个班级增加至 8 个班级，招收小学一年级至初中三年级的适龄学生。在地方政府的"调岗绿灯"和习水酒厂的高薪招聘下，仅一年，习水酒厂子弟学校的教师队伍就扩充至 20 人，学生达到 334 名。

截至 1986 年，习水酒厂子弟学校经前后两次投资建设，拥有三栋建筑面积 3300 平方米的办公、教研和活动校舍，以及面积 6000 平方米的运动场，还拥有极为超前的教学用具。不论是师资力量还是学校基础设施，习酒子弟校都处于全县领先水平。

从子弟学校的扩建可以窥见习酒快速腾飞的一角。在陈星国等一众领导的不懈改革下，日益改善的酒厂环境，整肃有序的企业结构和酒厂为家的企业理念，开始逐步在酒厂扎根下来，形成新的企业风潮和气象。

市场营销：产品出黔走向全国

经数年产品质量卓越的声誉累积，习水酒厂在本地乃至整个贵州都已经小有名气。可当时，中国白酒市场依然以区域市场为主，地域之间壁垒高筑，外地酒企连进入当地酒业市场的机会都十分匮乏，更遑论凝聚能够对产品进行长期消费的群体、将品牌扎根于此。即使如此，习酒却不愿局囿于在黔北河谷中自吹自擂，始终坚持铺路向外走，只为让更多人知道习酒、买到习酒、喝到习酒、爱上习酒。

20 世纪 70 年代，习水大曲初出茅庐，在省内受到好评，但在省外少有人知。因为当时白酒产品市场化尚未放开，酒厂若是想要将产品推向全国，除了过硬的产品质量，还需要在行业中的各大品评会和比赛中一鸣惊人。在受到业内专家肯定甚至推崇后，白酒才有可能真正走出地方，面向更多消费者。

所以当负责产品推广的人员偶然打听到七月份在北京有一场专家品酒会议时，当时的红卫糟酒厂立即决定牢牢把握这次推广机会。如果能得到专家的肯定，对习水大曲走向全国无疑是一种极大的助力。谋定之后，酒厂派曾前德赶赴北京，就这样，习酒迈向了全国市场的推广之路。

曾前德此行的目的是及时赶上北京的品鉴会，邀请国家级专家鉴定品评，为习水大曲提供指导方向，也给习水大曲一个走向全国的机会。于是，他把从酒库中精心挑选的习水大曲放进背篓，踏上了北上之路。20 世纪 70 年代的交通设施远没有现在发达，酒厂和北京隔着千山万水。他花了一天的时间从酒厂走到了县城，又花了一天的时间坐班车来到遵义，继而坐班车赶到贵阳。真正踏上前往北京的火车时，已经是第四天。

路远迢迢，经过几天的长途跋涉后，曾前德终于来到北京。然而，由于红卫糟酒厂并未得到会议邀请，他被会场工作人员拦在了门口。不过，在他的努力争取下，会议相关负责人准允他在会议休息期间进场。曾前德抓住机会，迅速应变，趁着会议休息的间歇，心情忐忑地将习水大曲端到参会专家面前，一边介绍习水大曲，一边吐露此行辗转的目的。

曾前德诚恳朴实的态度和酒香四溢的习水大曲，终是打动了在场的酒业专家。经品鉴后，专家们对习水大曲予以高度评价，也针对习水大曲的口感、香味等方面提出了中肯的改进意见。

大受鼓舞的曾前德决定再次拜访几位白酒界的泰斗。待会议正式结束后，他又带着习水大曲，专程拜访了朱宝镛、秦含章两位专家，向他们逐一请教生产技术和企业发展等方面的问题。在一番酣畅淋漓的讨论中，曾前德受益匪浅，习水大曲也真正获得了国家级白酒专家的首肯。

经此一役，老一辈的习酒人真正摸索出了产品出黔向外销的通道，为习酒畅销全国打开了思路。此后的习水酒厂开始大力抓产品质量、销售和宣传。在此之后，酒厂又陆续派出员工东奔西走，参加各种酒会会议，向省外消费者介绍产品。在酒类奖项评比，尤其是贵州省内的白酒评比中，习水大曲表现突出，品评得分仅稍逊于茅台酒和董酒。1979 年，习水大曲被评为"贵州省优良产品"，1983 年被评为"贵州省优质产品"和"贵州省名酒"等，荣获各种奖项 30 多次。通过这种主动出击的方式，习水大曲的全国知名度越来越高。

1983 年，习水大曲开始声名鹊起，习水酒厂第一次扭亏为盈。正当酒厂职工脸上绽开笑容时，任厂长不到一年的陈星国，把目光投向了山外广阔的市场。陈星国对全厂职工说："我们山区虽穷，可万不能志短，守着这块酿造宝地，就应当有志在美酒醉天下的气魄。"1984 年，酱香型白酒"习酒"正式上市后，一举夺得贵州省优新产品第一名。从此，习酒、习水大曲作为习水酒厂的拳头产品，一路斩关夺隘，年年获奖，从赤水河畔的山沟里，一步一个脚印地走向山外广阔的市场。

1985 年 10 月，陈星国带着酱香新品习酒来到广州参加秋季交易会，四处宣传推广，然而偏爱"名牌"的中外客商却对初出江湖的习酒并不感兴趣。四处碰壁、一筹莫展的陈星国在《羊城晚报》上无意看到一条消息：国内一些评酒权威来到了广州。他机敏地想到，习酒就是吃了没名气的亏，自己喊破喉咙或许都比不上专家们说一句话，不如邀请专家为习酒开评酒会！同行的人都说："厂长，你急疯了是不是？交易会都开幕了，谁还来慢慢地品我们的酒？何况，我们这个无名酒厂请得动专家吗？"

世上无难事，只怕有心人。陈星国挨个上门恭请专家出席评酒会。果然不出所料，几天后通过专家品评，习酒的美名在广交会上传开，并且争取到了当届广交会的专用酒桂冠。没有名气，习酒人想办法打名气，凭借"志在习酒醉天下"的豪情，习酒成功打响出山后的第一炮。

新加坡一位客商找到陈星国，竖起大拇指说："习酒确是美酒啊！敝公司愿包销贵厂全部习酒！"说完，他笃定地看着这个从黔北山区来到羊城的年轻厂长，等待他欣喜的回答。不料，陈星国的答复却令他惊愕："谢谢您的赞美。但习酒不需要包销，无论现在或将来，它都不愁销路。"

对于新加坡客商的建议，陈星国有自己的思考：包销虽能解决习酒市场销售的后顾之忧，但同时也会束缚酒厂开拓发展的手脚。他们不能因小失大！以后的事实印证了陈星国决策的正确性。

广交会落幕几天后，陈星国又马不停蹄地赶到北京，参加在首都举行的亚太地区国际贸易博览会。陈星国早已制订了一个计划：在博览会前邀请京城名人，举办一场习水酒厂新闻发布会，先声夺人。恰在此时，习水大曲荣获原商业部金爵奖的消息传来，陈星国灵机一动：招待会就叫获奖产品介绍会。1985年11月11日晚，贵州习水酒厂获奖产品介绍会在北京饭店召开。在众多部级领导同志和新闻文化界名流面前，35岁的陈星国不过是个来自大山沟里的"无名小卒"，然而当晚他自信地宣讲习酒，赢得一阵阵掌声，宣传战获得了极大的成功。

20世纪70年代前后的习水酒厂，像一只蓄势待发、等待振翅的蝴蝶，在一步一印的艰难开拓下，有了更大的厂房、更好的基建、更通畅的交通。到了20世纪80年代，习水酒厂则展现出了在前几十年的发展中积攒下的蓬勃力量、底气与自信，抱着志在美酒醉天下的豪情意气，从南边的广交会闯到北边的国际贸易博览会，过五关斩六将，只为从众多酒类品牌中脱颖而出，拔得头筹。无论是曾前德等勤勤恳恳的老一辈奠基人，还是陈星国等跃跃欲试的新一代开拓者，他们都憧憬着赤水河中游的习水酒厂真正振翅腾飞的那一天。

辉煌1988：浓酱并举"双三千"

1984年10月，党的十二届三中全会在北京召开，会议决定要加快以城市为重点的整个经济体制改革的步伐。其后，国务院批准工业生产资料的超产部分可在加价 20% 的范围以内出售。酒类产品因此被纳入了价格双轨制的航道，标志着国家对于"酒类专卖"的价格管控开始放开。1985 年，国家取消了原定的加价不高于 20% 的规定，超产部分允许按市场价格出售，各酒企进一步深入价格双轨制时期的探索。

价格双轨制是计划经济走向市场经济过程中的特殊产物，它主要是指，国家允许企业在完成计划的前提下自销部分产品，其价格由市场决定。"双轨"其一是，国家指令性计划的产品要按国家规定价格统一调拨，其二则是企业自行销售的产品，价格根据市场决定。如糖烟酒等一类的专卖品皆由物价部门核定价格，并由各地成立的各级糖烟酒公司专门负责销售，这被称为计划内的内部渠道；计划外的也就是超额生产的部分，可以不受计划的限制，由酒厂自主定价、自主选择销售单位。

在改革开放的浪潮下，计划经济限制的破除为白酒行业的发展开放出新的通道，习水酒厂面临着前所未有的挑战，却以极高的敏锐度迎头赶上了双轨制的机遇。

双轨制乍一开放，就如同春水融冰，生机立现。彼时，习水酒厂敏锐地意识到，全国白酒市场正处于"饥饿"状态。因此，对于计划之内的产品，习水酒厂满足供应；而对于计划之外的产品，习酒加班加点搞生产扩建。在 1985 年至 1987 年间，当时冲在改革前锋的习酒根本不愁卖，公司领导甚至经常开会研究酒要怎么分配、分给哪些单位、分多少，真是供不应求。

1988 年，是中国白酒市场化元年，同时也是习酒发展历程中的辉煌之年。这一年，习水酒厂率先一年实现 1989 年完成"七五"技改工程的扩产计划，在当年年底实现习水大曲 3000 吨、习酒 3000 吨的生产规模。年产 3000 千升主体工程竣工，9 幢双跨酿酒车间、6 幢制曲发酵车间、10 幢酒库拔地而起，以及占地 2.46 万平方米的辅助车间和生活服务用房均已落成。习水酒厂领先全国白酒企业，实现了浓香、酱香"双三千"的产量，成为全国浓香型白酒生产标兵、全国最大的酱香型白酒生产厂家，为习酒发展镌刻上独一无二的辉煌印记。

浓酱并举"双三千"的发展成果，在 1988 年的白酒行业中名列前茅。比如当时的茅台酒厂，产量仅有习酒的一半；河对岸的郎酒厂，产量也不及习酒。并且，习酒的管理改革和创新打法，也是行业的翘楚。

回望过去，习酒 1988 年获得的辉煌成果，既是习酒一路风雨兼程走来，凝结了几代习酒人的心血，又是对习酒人最好的奖励。

产量攀登高峰后，习水酒厂在市场端也不断推陈出新。习酒人对市场有着极高的敏锐度，能够把握社会的发展变化并及时做出策略调整，同时也对市场运行规则保持先知式的警惕。1989 年，名酒价格管制放开，名酒纷纷涨价，有人劝陈星国，习水大曲、习酒也应提价。陈星国却果断地说："一分不提！"一年以后，酒业"低潮"出现了。面对行业的动荡，习酒未雨绸缪，把一些企业所忽视的产品质量、企业信誉和开拓市场等工作，扎扎实实地做在了前面。

正是如此，在面对市场冲击时，习水酒厂岿然不动——1989年创产值8666万元，跻身全国白酒行业"三强"之列。当年，酒厂实现利润570多万元，向国家交纳税金1215万元，人均创利税9637元。

产能上取得辉煌成就的习水酒厂，在白酒市场化机遇的蓄势待发之下，决心走出贵州，走向全国舞台。

然而，抢占全国市场份额不仅靠提高产品的产量，还要靠产品的质量与推广，既要产得出来，还要卖得出去。

事实上，习水大曲凭借柔绵醇厚的口感，以及浓香中略带酱香的独特味道，迅速在东北、云南等地收获了极高的赞誉。习酒也成功在市场上崭露头角，先后获得1986年原商业部系统白酒评比优质酒酱香型第一名、第四届贵州省名优酒"金樽奖"、国家优质名酒等荣誉。习酒成功达成酒厂两款拳头产品"披金戴银"的成就。习水大曲作为国家名优酒，被送往国际贸易博览会参展，这是习酒第一次走出中国，走向世界，习酒的品牌影响力空前提升。

在当年，习水大曲和习酒是当之无愧的明星产品，市场十分紧俏。20 世纪 80 年代末，习水大曲在河南、河北市场一瓶难求；20 世纪 90 年代初期，习水大曲、习酒进入武汉市场并得到热烈反响；在华南及东南沿海等地区，习水酒厂的产品也十分畅销。许多客商求购习酒、习水大曲，可谓供不应求。在这样的市场热潮下，一年春节，习水酒厂免费供应回龙区人民户均半斤的习水大曲和二斤白糖。其时，习水大曲正红遍大江南北，习水酒厂却让本地民众共享酒厂的发展成果，承担起了责任，也形成了心怀怜悯的品格。

当时在宏观政策的影响下，随着价格控制的解放，供销体系的放开，白酒行业迈入新时期，有的崛起江河，有的沉入黄沙。对于习酒而言，这是一次千载难逢的机会，政策的大门已经打开，多年来习酒志存高远，在骤然打开的白酒市场化浪潮中，找到了突破口。

习酒敏锐地意识到，在数年来精益求精地钻研，日复一日笃定地筑基和革新之后，真正迎来了校验的时刻。市场化下的白酒领域，是习酒等候已久的新主场。

时代的浪潮滚滚而来，机遇与挑战皆在其中。面对未知，习酒无畏前行；面对市场，习酒持续稳步发力。如今，漫步于习酒酒厂，楼台壮丽、亭阁玲珑、树木葱茏、鸟语花香。山腰处有假山环绕，还有两尊一米多高的酒瓶石塑伫立。走近前去，虽然石塑上的字迹稍显模糊，但还是能立即辨认出，左边是"习水大曲"，右边是"习酒"。今天，两尊酒瓶雕塑历经风霜，仍然矗立在此，讲述着习酒的一段辉煌历史。

广告传播：酒企登央视广告

当赤水河畔的习水酒厂以浓酱并举"双三千"产量获得第一时，习水酒厂站在高峰之上，看到了更远的地方。

此前，习酒主要通过参加评奖、开评酒会扩大影响力，但这些会议的影响力有限，怎么才能让更多的人知道习水大曲和习酒？

为了宣传品牌，20 世纪 80 年代末期，习酒做了一个行业开创性举动：登上中央电视台，在央视播放广告。此番大胆创新的决策让习酒成为家喻户晓的品牌。

但在央视播广告，并不是一个容易的决策。首先要突破的是思想的藩篱，电视广告毕竟花费不菲，动辄上百万元。习水酒厂是一座大山里的酒企，当时，一瓶习水大曲的零售价大约 7 元。要卖出几十万瓶习水大曲才能去央视登广告，不是小钱。然而，生于赤水河畔的习酒人目光如炬，志存高远。

因此，习酒毅然登上央视投放广告，让习酒品牌走进千家万户的消费者心中，更兴起酒企在央视投放广告的风潮。那时，习酒通过一系列独创、首创的品牌活动，成为白酒行业的靓丽景色，成功占领品牌传播的制高点。

20 世纪 80 年代末 90 年代初，"习酒是喜酒，喜事喝喜酒，习水大曲，老牌名酒"的口碑响当当，这句通过电视传播出去的宣传标语，也成为家喻户晓的口号。在这句广告词中，通过将产品和喜事的场景联结在一起，习酒成为广大消费者表达喜悦、传递幸福的载体。根植于这句标语，习酒还举办了大量品牌宣传活动，如"中外百对新人苗族婚礼""缘起地铁·情定终身"等。

随着广告的传播，习酒又开始思考，怎么才能让习酒广告深入人心？能不能选一个合适的代言人？

习水酒厂把目光放到了当时的文艺表演界，演员李雪健成为代言人的最佳选择。1989年，李雪健凭借出演电影《焦裕禄》中朴实的焦书记而蜚声海内外。次年，他又出演中国第一部室内电视连续剧《渴望》，饰演敦厚的邻家大哥宋大成一角，其唏嘘命运引得万人嗟叹，一经播出便轰动一时。

李雪健饰演的角色朴实动人，而他本人亦非常谦和，在剧中是本色出演，这种谦逊的精神正符合习酒产品的形象。习水酒厂有意和李雪健合作，但听说他成名之后，专注于影视艺术，一个广告都没有接。习水酒厂得知情况，没有放弃，专门派代表到北京邀请他出演广告。听说李雪健曾在贵州当过十几年的兵，习酒便以此为切入点，希望他能把贵州的习酒推向全国甚至海外。李雪健被习水酒厂的赤子情怀打动，为了回报当兵期间西南高原各族人民的深情厚谊，李雪健破例接下习酒的广告。

在拍摄过程中，李雪健诚恳、认真的态度，如同他塑造的角色一样感动了习水酒厂，也打动了广告公司。广告片大约30秒，片中李雪健回到贵州酒乡作客，与各族人民载歌载舞、欢庆时光。广告最后出现一句广告词"一口一个故事，一口一份情谊"，传递出习酒的情义。

酒香也怕巷子深。习酒十分注重电视广告的投入，1993年，哪怕是在资金比较紧张的情况下，习酒投入央视和各省市电视台的广告宣传费用依然超过了5000万元。为了加强品牌宣传建设，当年习酒还投资拍摄了八集电视连续剧《山之子，海之梦》和习酒专题广告片，表现出习酒虽地处深山之中，心里却有海一般广阔的梦想。

在市场经济初见雏形的年代，习酒因持续创新的品牌宣传大放异彩，同时也把创新的种子埋进了习酒的灵魂中，不断生根发芽。在品牌塑造之路上，习酒从未放弃锐意创新，始终敢为人先、活力无限。20世纪90年代中期，习酒还进一步提出"悠悠习酒，挥洒天地豪情"的品牌标语。通过一瓶习酒，展现人文情怀，触动人们内心的洒脱豪情。

经过央视广告的轮番宣传，习酒和习水大曲开始走进千家万户，红遍大江南北，销量一路走高。20世纪90年代，由于冲瓶、贴标、拴飘带等诸多工序还需要人工操作，所以一个班组一天最多只能完成1000多件酒，前一天的酒贴标后，需要等待糨糊完全干透，第二天才能装箱。习水大曲、习酒畅销全国那几年，每年的包装量为5000吨上下，平均每天有近 3 万瓶酒出厂。由于数量太大，工人们常常从白天干到黑夜，可见习酒当年的销售盛况。

走向世界：志在习酒醉天下

二十世纪八九十年代，商品经济日益发达，市场竞争愈发激烈，企业要想生存下去，必须冷静分析、密切关注国内外经济形势，找准机会进一步拓展品牌宣传。习酒在宣传营销方面有着敏锐的触角。在那个众人还未重视品牌的年代，习酒已经尝试着利用各种传播方式，告诉习水县外的县、市、省乃至全国：习水县二郎滩有家了不得的酒企。

1991 年 5 月，正值西藏和平解放 40 周年，西藏成为全中国乃至全世界关注的焦点。

逢此盛事，习水酒厂厂长陈星国策划了"习酒献西藏"活动，交由副厂长谭智勇具体组织实施，酒厂上上下下紧张地开始了印制专用包装、安排车辆、联系进藏事宜等行动。

此时，对于陈星国、谭智勇来说，最为忐忑的是西藏大庆办公室是否同意习水酒厂赴藏代表团进藏。幸运的是，西藏大庆办公室回电：热情欢迎习酒代表团。5 月 15 日到 5 月 17 日，400 箱印有"庆祝西藏和平解放 40 周年"的习酒、习水大曲分载两架军用运输机，越过成都平原，飞越喜马拉雅山，抵达拉萨。拉萨人不会忘记，习酒人更不会忘记，"习酒献西藏"的彩车开上"世界屋脊"在拉萨街头热闹非凡的场景。

令人欣喜的是在布达拉宫、罗布林卡，都传来了"好酒、好酒"的赞叹之声。作为这次庆典活动中唯一的企业代表团，习酒备受青睐，时任中央代表团团长、国务委员李铁映称赞习水酒厂"为增进民族团结办了一件好事"。"习酒献西藏"取得了空前的成功，宣传效应、社会效应兼而有之。

不久后的 1992 年 1 月，习酒首次亮相国际市场。在美国洛杉矶举行的国际贸易交流会上，全场唯一最高档次国际特别金鹰金奖、帆船金奖、拉斯维加斯金奖这三大奖项被习酒一举斩获，完美地展现了中国白酒实力。1 月 31 日凌晨，喜讯传回酒厂，陈星国立即带人组织并策划了一系列隆重的宣传活动。

陈星国先是率队亲自前往贵阳，迎接凯旋的副厂长曾前德。在抵达贵阳后，厂长助理沈必方做横幅、扎彩车，准备宣传事宜。很快，从美国飞抵贵阳的曾前德在鲜花与掌声中载誉归来。时任贵州省商业厅厅长张佩良、省糖业烟酒公司领导人与习水酒厂的队伍前往迎接。

热烈隆重的欢迎仪式结束后，习酒精心准备数十部轿车组成报喜车队，在贵阳城内主干道环行。新年纳余庆，嘉节号长春，全城上下欢喜升腾，习酒的报喜车队一来，像在本就热闹不已的场合里，新开了一场引人注目的表演，瞬间把氛围推向高潮。一路上，车队走到哪里，欢呼和围观的群众就跟到哪里。没多久，整个贵阳城都知道习水酒厂从国外拿了奖，还拿了三个！

习酒称雄美国国际贸易交流会的新闻占据各大主流报刊的头版头条，数家电视台也轮番播送这一喜讯。贵州省电视台甚至还在春节期间，制作祝贺习酒获奖的特别节目，在晚间黄金时段轮番播出。随后，贵州省政府驻京办事处在北京东方康乐园举行了新闻发布会，在全国人民和一线媒体面前盛赞习酒为贵州和国家争了光。自此，全国人民都知道了一件事：贵州习水酒厂真的了不得，从国外拿了三个奖回来！

1992 年 4 月，习酒还组织了当时全国规模最大的赤水河流域考察活动——"千里赤水河考察"。在各方的大力支持下，诸多酒业专家、摄影家等加入队伍，在谭智勇团长的率领下，进行了为期两个多月的赤水河考察。他们历经 50 多天的艰苦跋涉，行车 3000 多公里，步行500 多公里，走遍了赤水河流域黔、滇、川 3 省的 14 个县（市区），从历史、地理、经济、文化等方面进行综合考察，取得了丰硕的成果。

考察活动结束后，习水酒厂将考察成果向业界分享，并精准地提出了赤水河是英雄河、美景河、美酒河的"三河"定位。

此次"千里赤水河考察"，为习酒建立中国名酒基地（百里酒城）的设想投石问路，找到了人文、自然地理多方面的有力佐证。

1992 年 6 月，贵州省习水酒厂改制，是年 10 月，酒厂更名为贵州习酒总公司，陈星国担任总经理。在这段酒厂改制的时间里，习酒进行了一场名震酒业的"西北中原万里行"宣传推荐活动。

1992 年 8 月中旬至 10 月上旬，在陈星国的带领下，习酒一行 38 人分乘 6 辆汽车，浩浩荡荡一路向西，踏上"西北中原万里行"之路。

陈星国一行人一路艰辛一路歌，经过贵州、四川、青海、甘肃、宁夏、陕西、新疆等地区的 50 多个市县，全程 7500 多公里，并在沿途开展系列公关宣传，撒下"习酒是喜酒，喜事喝习酒"的种子。

到达新疆站，由当时西北五省联合举办、贵州习酒总公司协办的"1992 乌鲁木齐边境地区经济贸易洽谈会"正在举行。习酒作为协办方，鼎力支持 80 万元。于是，洽谈会期间，主办方印发了 60 万张印制有习酒及其产品内容的门票，并在会场附近各主要街道悬挂习酒的宣传标语，可以说习酒独占了广告擂台的霸主地位。在展厅内，举办方也为习酒安排了最好的展位。习酒展位前人山人海、宾客如云，媒体纷至沓来，不愿错过这场盛况。时至今日，参与过那场活动的老员工回忆起当时的场景，仍津津乐道、激动不已。

习酒通过这场空前的活动，增进了与西北地区人民的友谊，使他们更进一步了解到习酒品牌。期间，习酒参展团与客户签订了 30 多份总额达 1100 万元的供销合同；与哈密、吐鲁番、伊宁等地的厂家达成 20 多项经济合作意向性协议；同时，与俄罗斯、乌兹别克斯坦等国的商团和厂家洽谈，达成 10 余项经济技术合作开发意向性协议。

正如总经理陈星国分析说："在当今的信息时代，我们不能死抱着'好酒不怕巷子深'的陈腐观念忽略了宣传。近几年来，我们正是在注重技术、引进合格人才，保证产品质量的基础上，通过强有力的广告推广，逐年扩大销路，创造出巨大的经济效益！"

习酒"西北中原万里行"不仅引得世人瞩目，也在中国成功刮起了一股旋风般的习酒热潮。

回顾 20 世纪 90 年代初，习酒的营销在酒业发展史上掀起一波又一波高潮，仅 1992 年习酒开展的大小营销活动就有 56 次。习酒精心组织的宣传活动，在全国锚点般铺展开来。从"斩获美国三大金奖""习酒献西藏""千里赤水河考察"到"西北中原万里行"，习酒举办的一系列营销推广活动，持续将习酒的发展故事讲给更大的市场、更多的受众听，从名不见经传到深入人心，这就是习酒的营销之路。

腾飞构想：从十里酒城到百里酒城

1991 年，习酒在浓酱并举"双三千"规模的基础上，兼并、收购习水县向阳酒厂、习水县龙曲酒厂和习水县习林酒厂，形成了黄金坪、大地、向阳、东皇四大生产区，"十里酒城"总体布局始成。

习酒综合产量达 1.5 万千升，名列行业前茅。当时，习酒产品销售盛况空前。20 世纪 90 年代初期的习酒已畅销大江南北，销售网络遍布全国 18 个省，年销售额一度突破 2 亿元大关，在全国白酒销售排行榜上稳居第一。习酒总公司厂区门口等着拉酒的车数不胜数，在狭窄的道路上堵得水泄不通，有的车一等就是两三天，场面十分壮观。

因习酒享誉全国，1992 年 8 月，经贵州省人民政府批准，撤销原郎庙、岩寨、临江、翁坪四乡，合并建立"习酒镇"，自此，贵州省唯一以产品命名的乡镇产生。

20 世纪 80 年代，国民经济高速增长的背景下，习酒的发展势头如日中天，引人瞩目，因此在"十里酒城"的基础之上，习酒提出了更大的发展构想。

1991 年 11 月 24 日，陈星国拨通了助手陈应荣的电话。当天，两人在办公室闭门讨论，陈星国向陈应荣描述了一个自己酝酿多时的宏伟计划：构建一座"百里中国名酒基地"。

构建"百里中国名酒基地"，即在从赤水河中段的茅台酒厂以下至习水酒厂约五十公里间，建立起中国酱香型白酒基地，产能达 4 万千升，以贵州名酒龙头效应，带动赤水河两岸的经济发展，推动酒旅一体，创造丰厚的经济效益、社会效益。"百里中国名酒基地"后来被简称为"百里酒城"。

陈星国向陈应荣阐述百里酒城的构想时谈道："我们有近 30 年的建厂经验，有近 30 年培养起来的技术队伍；我们还有各级领导的支持，各界朋友的关心，百里酒城的规划一定能实现……"

从早上 8 点到晚上 11 点，陈星国和陈应荣从赤水河的水土环境、物产资源，一路聊到国内外白酒市场，一幅以赤水河中段起笔的百里产区蓝图，正一点一点地变得清晰。

百里酒城的宏大战略构想得到了贵州省级层面领导的支持。1992 年 2 月 10 日，一份带有秘密字样的内参，送入国务院办公厅、国家计委及国务院生产办公室等相关单位。

这份内参的核心只有一个：在赤水河畔建立起一座史无前例的百里酒城。很快，同年 3 月 2 日，经相关部门批准，百里酒城建设指挥部正式成立，习酒贷款 5 亿元用于名酒基地的建设，由陈星国担任指挥长组织开展相关工作。习酒在 20 世纪 90 年代最重大、最宏伟的计划就此启动。

在改革开放之后的 15 年时间里，习酒锐意改革，在扩大生产、提升品质、推广品牌和开展营销等多方面取得了迅猛发展。期间，习酒从几间房的小酒厂发展到国家二级企业，从名不见经传的白酒品牌成为赤水河畔的一颗明珠。

第四节
危机：困死不如斗死

改革自救：重归酿酒之本

20世纪80年代末，为解决价格双轨制下复杂的经济问题，中国经历了改革开放中的惊险一跃——"价格改革闯关"。

1993年6月，国务院发布《关于当前经济情况和加强宏观调控的意见》，提出控制货币发行、严控信贷规模等宏观措施。经济整顿的大幕拉开，银根紧缩，银行贷款金额被严格控制。

1994年，习酒的"百里中国名酒基地"工程刚完成土建基础，却因为银行贷款停摆，建设资金无法到位而被迫停工。看着初具雏形的生产车间，施工人员只留下一声叹息。究其根本，除了资金情况不理想，也有建设规划不力、风险评估不准、工程管理不严等多方面原因，多种因素叠加在一起，导致了百里酒城建设计划搁浅。

百里酒城项目停摆之外，更为严峻的是，习酒总公司生产经营面临着资金链断裂的风险。

一方面，整个白酒行业陷入低谷，全行业出现产品滞销、融资困难等问题，习酒也不例外。另一方面，习酒率先实行的分公司经营管理模式成为自身的枷锁，10 余家外省分公司在行业竞争激烈的情况下，为保住习酒的市场竞争力，实行"赊销策略"。所谓赊销，也就是经销商可以不打款先提货，当产品销售一部分后，再给酒厂打款。日积月累，在这种模式下就产生了一些销售呆账、坏账。

生产经营资金受到严重冲击，原材料和包装材料等的费用不能及时支付。此时，习酒年销售收入约 2 亿元，利润 2000 万元，呆账坏账却多达 8000 万元，四年的利润才能填补这样一个窟窿。入不敷出的财力，导致员工工资不能按时发放，工人长达 6 个月未领一分工资，部分困难员工每天仅靠一顿工作餐苦苦支撑，不堪重负。

雪上加霜的是，在销售市场逐渐恢复之时，习酒为减少建设百里酒城沉没成本的损失，决定暂时先将生产经营的资金挪作工程建设资金使用，导致生产没法正常运行。

销售遇冷、银根紧缩、资金链断裂，结果可想而知。习酒的销量和价格不断下跌，并且在几年的时间里都在低位徘徊。

1994 年，习酒亏损 220 万元。

1995 年，习酒处于半停产状态。

对于习酒来说，寒冬来得太突然。持续累积的债务负担成为悬在习酒头顶上的一把利刃，总资产 5.8 亿元的企业，负债却高达 4 亿元，账内没有流动资金，所有银行都拒绝放贷，习酒无力从事产品的结构调整，连购买包装材料的资金都难以拿出。

曾经为满足市场需求，习酒包装车间二十四小时几班倒，员工加班加点，干得热火朝天，场面蔚为壮观。然而几年后，因为生产受阻、员工停工，一度车水马龙的习酒厂区变得门可罗雀。

当初谁也没有想到，百里酒城会从一个宏伟的发展构想，慢慢变为习酒沉重的包袱，使企业陷入经营困境。多米诺骨牌效应就这样影响了习酒的发展。

祸福从来无门，看起来花团锦簇的样子，未必没有陷阱；看起来荒芜凋敝的景象，也未必没有生机。习酒正是在这样不可知的风雨之中穿行，但磨难没有消磨习酒人的意志，反而历练了习酒人百折不挠的精神。

看着风雨飘摇中的企业，习酒人想挽狂澜于既倒，扶大厦之将倾，他们不相信习酒会这样被轻易打败。为了挽救下沉的大船，习酒展开了一次次自救。

早在 1994 年，习酒为化解危机，不断尝试改革。当年 8 月，为缓解资金压力，习酒总公司决定通过对企业的股份制改造，定向募集资金。经贵州省体改委批准，在保留原习酒总公司的前提下，与贵州省糖业烟酒总公司、贵州永隆包装彩印有限公司共同组建成立贵州习酒股份有限公司。但是股份公司的成立并没有解决习酒的问题，经济调控和市场萎缩使改制之路走得异常艰辛，与预期的结果产生了极大的偏差。

困死不如斗死。为拯救习酒市场，1995 年，习酒对产品进行了重新布局，重回酿酒之本，"星级"习酒脱炉而出。习酒最早的带星产品，是 1992 年推出的精装木盒包装产品，木盒上镶嵌八颗星，名为"八星习酒"。八星习酒代表了习酒当时最高的工艺水平和品质，采用磨砂玻璃瓶包装，瓶身呈长颈圆鼓状，其包装、瓶型已成功申请专利，享有独家使用权，后来这种瓶型成为习酒经典的包装瓶型。

在八星习酒的基础上，习酒创新提出"白酒星级质量管理模式"，开创了中国白酒行业的先河。使用星级标识来体现酒的窖藏年份，不同规格的白酒按照窖藏年份划分为一至五星，如"五星"代表产品使用的是窖藏十年的白酒，"三星"则为窖藏五年的白酒。在此之前，星级标识主要用于酒店质量的评判，比如五星级代表质量最高、服务最好的酒店，四星级次之，三星级再次之。"白酒星级质量管理模式"的提出是习酒的标志性品牌创新事件，通过创新表达，将习酒质量观根植消费者心中。

经过精心筹划，1996 年，五星习酒和三星习酒上市。创新的"星级"概念，吸引了市场关注，成为中国白酒发展史上的"神来之笔"。1997 年，贵州习酒股份有限公司完成二星习酒的开发，弥补了低端市场的空缺。

除了在产品上做出突破，习酒还在市场销售策略上寻找生机。

1996 年，为扭转不利的销售局面，习酒改革营销制度，将之前"各自为政、分权而治"的十大销售分公司模式撤销，改为片区制，划为华东、华北、西北等六个大区域市场，由习酒股份有限公司统一垂直管理。

这个六大区域，在习酒内部被称作六大"军区"。每一个"军区"，都分别指派一位副总经理亲自带队跑市场，因此产生了习酒 6 位副总经理——钟方达、陈应荣、黄树强、吕良科、陈长文、母泽华被"下放"到不同区域跑市场的经典故事。

当时已经到了危急存亡之时，习酒要求全员前往销售前线跑市场。副总经理到区域，不是去做总指挥，也不是遥控销售人员，而是同样实打实地拿着包包深入一线"窜客户"。

当时担任副总经理的钟方达被指派到华东"军区"开拓市场。在华东，钟方达和唯一一个副手黄忠将工作区划分成两片，钟方达负责江苏和安徽，黄忠负责上海和浙江。当时没有手机，只有座机。他们去住饭店时，就利用房间里的黄页，只要看到带"酒"字的企业，便打电话过去，争取拜访的机会。

就这样，在一个个的电话中，华东市场被一寸一寸地开拓了出来。其他区域的市场也在各位副总经理的领导下，建立起经销商的销售网络和人脉资源。

尤其值得一提的是，当时习酒人在推广"五星习酒"时，还超前地为每一个顾客建立了档案。为培育消费者，销售人员和经销商定期开展联合活动，如赠酒、送宣传资料、发放小礼品和寄问候信等，与消费者之间建立独特的情感交流方式，加深品牌和消费者之间的情感共鸣，培养消费者对品牌的忠诚度和信任感。

当习酒的副总经理在各大区域跑市场时，总经理陈星国也带着一班人到沈阳。为了卖出 38 度的低度习酒，陈星国一行人喝倒在了桌子上。

在习酒于全国各地勤恳地开拓销路之际，白酒行业情况巨变。

1997 年，名噪一时的明星酒企秦池倒下了。20 世纪 90 年代初期，白酒市场化伊始，国内白酒企业繁花似锦，靠广告炒作迅速走红及以营销制胜的白酒品牌不在少数，秦池正是其中之一。秦池曾在白酒行业留下过两次中标央视广告"标王"的传奇，但后来因为被质疑用食用酒精勾兑产品，最终淡出市场，留下昙花一现的空谈。

秦池的兴起与覆灭，正是白酒市场混乱而浮躁的年代记忆。除此之外，还有很多白酒企业，都曾在快速崛起后迅速走向低迷。

在企业命运和市场浪潮交锋之间，曾有无数英雄在顶峰相见，而后又有不少人在半路折戟沉沙。在行业的调整和冲击下，习酒也曾走向低迷，但与那些相继"名落孙山"的酒企不同，习酒有一群以厂为家、苦乐与共、执着坚守的人，他们成为习酒在至暗时刻的底气，因此习酒能够蛰伏数年，最终排除万难，逆势而上。

至暗时刻：万众一心渡难关

从 1994 年开始，习酒生产便逐渐放缓，到 1996 年，习酒车间已经大面积停产、停发工资，工人纷纷下岗。

在最艰难的时刻，大部分在岗员工轮流上岗，只有在班的员工才有薪酬，而且每月只能领取应发工资的 40%。虽然如此，公司员工依然自告奋勇留在车间继续生产，不愿意离开自己的工作岗位。每个人都咬紧牙关，没有人在苦难前轻言放弃。曾经经历过这段时期的老员工给出的理由非常简单：我们愿意和习酒一起挺过困境！奋进，是习酒人面对磨难的精神。

1995 年，在企业最困难的时候，习酒的财务状况捉襟见肘。当时习酒的 5 名员工计划前往四川一家酒厂参观学习，以期改进工艺、改善生产。但财务紧张，为了出差经费，他们前后跑了 10 余趟财务室，才申请到皱皱巴巴的 1000 元纸币。这 1000 元由一张张旧版 5 元面钞组成，又烂又旧。不止于此，彼时的习酒公司车队，由于资金压力没钱维修车辆，仅有的一辆桑塔纳随时都有抛锚熄火的可能。为了省钱，车队员工去附近修车厂蹲守，看见有人更换轮胎，就捡来装上或备用。

低谷时期的习酒，经济状况不容乐观。在包装车间里，由于没有足够的资金购买原辅料，车间工作一度停摆。工人们不回家，直接住在厂里，生怕错过复工时间。某天的凌晨两三点，一批包装材料临时从外地运回习酒公司，班长挨着敲门，工人们在睡梦中被吵醒。他们没有一丝犹豫，反而一听到"可以开工了！"十分激动，整理好衣服马上奔向车间。流水线"唰唰"地打开，他们干得热火朝天，脸上洋溢着喜悦的笑容，因为在他们看来："只要包装车间繁忙，那公司效益就一定好！"如此质朴的观念，是每一个习酒人对企业能够渡过难关最真挚的祈愿。

原料紧张，没有粮食酿酒，一些家住习酒周边的员工，还有老家是农村的员工，当时为了保证正常生产，竟自发地从家中背来粮食支持厂里酿酒。那个时候企业效益滑坡，每个月工资按时发放都比较困难，员工的生活本来就成问题，但习酒人仍与企业患难与共、不离不弃。

习酒精神在当时的习酒员工身上展现得淋漓尽致。吕良孝在 1980 年进入习酒从事粉碎曲药工作，又在 1991 年习酒成立运输公司后，报名加入了运输队。老款习酒热销全国时，他独自开着装满酒的货车，用三天时间将习酒从厂区大门口送到贵阳市；习酒最困难时，他用货车装着几十万元现金，胆战心惊地驶回习酒公司，给员工们发放工资。即使在习酒的至暗时刻，员工境遇艰难，吕良孝也没有一句怨言，始终抱有一种苦乐的辩证精神。"我们当时确实艰苦，但最高兴的就是自己喝酒不花钱。"一句笑谈背后却流露出吕良孝对习酒的热爱与坚守。

吕定强也是一位驾驶员。1992 年，而立之年的吕定强进入习酒公司，从事运输车辆调度和驾驶工作。那时，在订单量大的情况下，车队车辆、人手都不够。他没日没夜地开车拉着习酒行驶在崎岖的山路上，曾一人一车，拉着习酒闯关东，走西北，还曾在运输途中被人拦下敲诈。之后，在酒厂的低谷期，吕定强每月只有几十元生活费，还得养育两个孩子，生活难以为继。当朋友介绍他到习水县城做驾驶员时，他斩钉截铁地拒绝了朋友的好意，一心坚守在习酒，与习酒同甘共苦。

多年以后，临近退休的吕定强回忆起那段艰难岁月，感慨地说："握着方向盘，我就觉得亲切，要是现在只有 40 岁该多好，这样就可以继续为公司出力了。"

习酒人的坚守是对习酒数十年发展历程的由衷认可。正是因为习酒尊重员工，充分为员工考虑，当一重一重的危机接踵而至时，习酒人并没有选择独善其身，而是选择迎难而上，用行动证明他们与习酒不仅能美人之美，美美与共，还能携手共克时艰、不离不弃。

1994 年到 1997 年这三年，是习酒的低谷期，即使在这样紧迫的时刻，习酒依然把员工放在重要位置，竭尽全力保证员工工资按时发放。通常，外出收账的习酒员工在收到现金后，就会直接把大量的现金装进大皮箱或者大背包带回酒厂，因为厂里还有几千人等着养家糊口。

在这一时期，习酒人运送员工工资回厂，经历了许多曲折。1996 年 12 月底，一位习酒人从西安收账回酒厂的路上，因为航班延误，错过了习酒公司派到重庆江北机场接他的专车。下飞机时重庆天色已暗，送钞员找到一个公用电话亭，向厂里说明情况后，一个人抱着装有十几万元现金的包住旅馆。恰巧那段时间，重庆刚刚发生了抢劫金店的案件，他把装钱的背包反背在身上，整整一个晚上没合一眼。

习酒人正是在这样艰难的情况下，将现金带回酒厂，尽力保障员工薪酬的发放。共度患难，肝胆相照，在习酒人眼中，习酒公司并不是一家单纯的企业，而是一个大家庭。他们的父母、孩子、朋友，都在这个大家庭中遮风避雨、荣辱与共。

多年以后，习酒总工程师胡峰回想那段艰难的时光谈道："每个企业都有处于高峰、低谷的时候。企业处于低谷，要与之患难与共；企业走向高峰，才能享受它发展的成果。"苦乐与共是习酒人的真实写照。过去的苦难和欢乐，对他们而言都是宝贵的记忆和财富。这些经历提醒他们，只有用心酿造每一滴酒，习酒的未来才能更加美好。

花繁柳密处，拨得开，才是手段；风狂雨急时，立得定，方见脚跟。乌云不会一直遮挡阳光，苦难也不会一直伴随。无论身处何种境遇，习酒人都将一如既往地守着赤水河畔的山和水，酿造生活之美。正是习酒人在逆境中奋进的精神和乐观的态度，为习酒改变命运做足了支撑。

酿造哲学：踏实做人，老实酿酒

从改革春风后的扩产行动，到 20 世纪 90 年代后期至暗时刻的自救，习酒在十余年间经历了从巅峰到谷底的跌宕。在习酒的历程中，这段历史记忆是习酒人精神积淀的重要经历。

这一时期，经过了市场的残酷淘洗，习酒沉淀出厚道做人、踏实酿酒、不浮躁不跟风、扎扎实实走好每一步的朴素酿造哲学。经过兴衰的习酒人明白，泡沫始终经不起时间的考验，产品必须靠品质才能赢得市场和消费者的认可。

在《阙子》一书中记载着一则《鲁人好钓》的故事："鲁人有好钓

者，以桂为饵，锻黄金之钩，错以银碧，垂翡翠之纶，其持竿处位即是，然其得鱼不几矣。"讲的是古时有一位鲁国人喜爱垂钓，不惜以天下最华贵的金银玉饰制作渔具，就连钓鱼的姿势也非常讲究，然而实绩不佳——"鱼不几矣"。"鲁人"虽"好钓"，但多是形好而实不好。他只求形式，却不求内在突破，只徒有"好钓"之名，而难求"善钓"之实。

这则故事被后人总结为寓言"鲁人好钓"，寓意"钓之务不在芳饰"，意思是做事情不在于花架子，而是要靠真才实学。钓鱼也不是凭华丽渔具，而是靠真正的钓鱼技艺，不能片面追求形式，而要讲究实效。

酿造和钓鱼，实质上有异曲同工之妙。习酒经历过落入"增长陷阱"的万般无奈之后，摒弃了乱花迷人眼的浮躁工作作风，上上下下形成了一种严谨、求实的工作态度。因为如果只留在"好钓"的表面而不多去探究"钓道"，最终必将经不住校验。唯有踏实苦干，最终才能造就更伟大的事业。

实际上自二郎滩头诞生开始，老一辈习酒人就秉承着"踏踏实实做人，老老实实酿酒"的精神，专注于手中的曲药、窖泥，扎进酿造之门，方才塑造了浓香习水大曲、酱香习酒两大拳头产品的酿造灵魂。早期形成的"习酒精神"，在 20 世纪 90 年代后期，得到了升华和发展，即就酿造而言，需要做更加勤谨扎实的"善钓者"，而不是热衷于花架子的浮躁者。

　　这为习酒立下了一根精神上的定海神针。自此之后，习酒人将"踏踏实实做人，老老实实酿酒"的精神融入了骨血，在一代一代的习酒人之间传承。这种求真务实的工作态度，塑造了习酒人简朴、端方的品行，积淀为习酒酿酒人的君子之风。

第 二 章

立身之基

务本 · 懂感恩

守其道，方能得其术。习酒以崇道为先，以遵酿酒之术为本，认为酿酒人有君子之风：坚守匠心做酒、涵养品格做人。也因此，无论何时，习酒人都将产品品质、诚实守信等作为立身之基，坚信"君子务本，本立而道生"。

　　从 1998 年到 2009 年，这是习酒发展的转折与复兴时期。在这之前，习酒因扩建投入过大、资金链断裂，无法保证正常生产，从而进入了至暗时刻。直到 1998 年，茅台兼并习酒，才让习酒获得了另一种新生。从历史的维度看，这个白酒界的兼并案例，似乎并不值得大书特书，但对习酒而言，却可以载入其发展史册。因为从这里开始，习酒再次踏上创业之路。

　　经过苦练内功，拓展市场，习酒逐渐摆脱困境，再次腾飞，为世界酿造出美酒。

第一节
兼并：仁义者懂感恩

转折新生：兼并开启新征程

1997 年，亚洲经济笼罩在一片黑暗之中。受华尔街资本大鳄的狙击，泰国外汇市场和股票市场暴跌，混乱与恐慌随即向全世界蔓延，亚洲经济高速发展的步伐放缓。被亚洲金融危机影响的中国，于同年 9 月召开了中国共产党第十五次全国代表大会。会议提出"建立现代企业制度是国有企业改革的方向……"同时把兼并破产、改组联合、债转股及加强管理等列为国有企业改革与脱困的关键措施。

这为身处困境中的习酒指明了道路。面对严重的资不抵债，习酒决定寻求更新、更强大的力量，通过兼并重组来摆脱危机。

第一个兼并机会来自三九企业集团。三九企业集团的前身是中国人民解放军总后勤部所属企业——深圳南方制药厂。习酒看重其军工背景、区位优势和品牌效应，计划在兼并后开发"999 酒"和"999 醇"两款酱香新产品。同时以深圳为销售基地，辐射整个沿海地区，并借机打响知名度，逐步占领东南亚市场。习酒对未来的构想极其详尽，双方也就兼并重组的相关事宜进行了协商，但是，在上报贵州省政府时，方案却没有获得批准。因为贵州相关领导认为，尽管习酒负债累累，但它仍是贵州比较有实力的企业，如果被省外企业兼并，贵州资源容易流失。为了保护好本土企业，确保资源、资产贵州化，习酒与三九企业集团的兼并重组以失败告终。

作为习水县的财政支柱企业，习酒的一举一动都受到习水县政府的关注，因为其影响着这个国家级贫困县的社会经济发展。在与三九企业集团兼并重组失败后，地方政府仍一直在积极寻找收购和兼并单位，希望能够尽早将深陷泥沼的习酒解救出来。经过多方考量，贵州省政府将目光放在了同为酒企的中国贵州茅台酒厂（集团）有限责任公司（以下简称"茅台"）身上，认为其具备一定的并购条件，是盘活习酒的不二选择。于是，经贵州省政府主导，开启了茅台兼并习酒的相关工作。

然而，此时茅台的经营状况也并不理想，其经营压力与日俱增。一方面，受亚洲金融危机的影响，消费者的购买欲望降低，白酒市场遭遇寒冬，茅台产品的价格一降再降；另一方面，随着改革开放的进行，中国经济从计划经济向市场经济过渡，茅台正处于经济转型的关键时期。

1997 年 5 月，茅台启动兼并习酒的议题。可在茅台内部，存在着赞成与反对两种声音。赞成者表示兼并习酒是对茅台产能的补充，也是对习水县，乃至整个贵州地区的经济发展予以支持；反对者则表示，茅台年利润不过 1 亿多元，不足以兼并整个习酒。

在习酒内部，对被茅台兼并一事也存在着两种声音。支持者认为，在茅台的帮助下，习酒能够快速摆脱困境，重启生产；反对者则认为，习酒能够自救，也有相关企业愿意帮助习酒，不一定非得让习酒被茅台兼并。因为茅台曾被习酒在高光时刻远远甩在身后，且两者的发展理念也存在差异。

对此，贵州省政府就茅台兼并习酒事宜召开了省长办公会。在此次会议上，大家认为，习酒被茅台兼并一事，不仅可以盘活习酒的存量资产，使习酒走出困境，带动地方经济发展，还能帮助茅台扩大中国白酒市场占有份额。

最终，贵州省政府就茅台兼并习酒一事达成共识，认为实施兼并的条件已经成熟。茅台时任董事长季克良在调研习酒后，相信习酒的技术和品质，认可习酒管理层的能力，并用了"坚韧"二字来形容这家企业。当时，有许多人认为四处欠债的习酒就是一杯苦酒，一个包袱，然而，茅台却从习酒人的坚韧中看到了习酒的未来。季克良霸气拍板说道："就算习酒是一杯苦酒，我也要把它喝下去！"

命运的抉择，让两家相距 50 公里的白酒企业联系在了一起。1997
年 6 月，贵州省政府组织各方召开了中国贵州茅台酒厂（集团）有限
责任公司兼并贵州习酒总公司协调会议，并提出兼并后的新企业属于
茅台集团全资子公司，成为独立核算、自主经营、自负盈亏、自我发
展、自我约束的法人实体和市场竞争主体。7 月，茅台兼并习酒的序
幕正式拉开。由贵州省轻工厅、遵义市、习水县政府及茅台集团员工
各级人员组成约 20 人的兼并小组，被分为生产、营销、人事、财务、
综合 5 个小组，正式进驻习酒，对习酒进行方方面面的调查，兼并工
作正式开展。兼并小组进驻习酒，一边走兼并流程，一边推动习酒复
工复产，一边谋划经营销售。这种工作模式被简称为"三边政策"，即
边兼并、边生产、边经营。

1997 年冬，习酒终于恢复了生产。习酒职工热血沸腾，大家早
早换好了衣服在车间大门外等待，并自发清扫公司道路、调试机器设
备。之前门可罗雀的习酒又变得热闹起来，公司门前人声鼎沸，彰显
出习酒迸发的新活力。

这是一段非常时期，茅台和习酒的衔接和磨合异常艰难，尤其是
人员的接收矛盾更是尖锐。习酒原有 4000 多名员工，被兼并后，只接
收 1500 名，这意味着有 2000 多人要失去工作。而且当时习酒员工的
情况很复杂，被分成正式工①、合同工②和合同职工③，其中部分员工由

---

① 政府人事部门安排在企业工作的，称为正式工。

② 1985 年国家开始实行企业招工合同制，招的是合同制工人。

③ 企业自己招收的工人。

于习酒处在发展低谷期，便请长假在外谋生，但其工作关系却还挂靠在习酒。

茅台在接收习酒的员工时，按照两大原则执行：一是接收一直在厂里上班的员工；二是接收正式工和合同工。而这两类员工加起来差不多就有1500人。在当时的环境下，习酒要给剩下的2000多人予以补偿，还要给他们缴纳在职期间所欠的养老保险。但是，企业已超出了破产的底线，负债率高达148%，濒临破产的习酒根本拿不出这笔钱。别无他法，茅台集团不得不拨付安置款，为习酒解决燃眉之急。

做好人员安置以后，兼并小组又指导相关人员和留下来的1500人重新签订劳动合同，梳理新的工资体系。此时，兼并小组的人事调查工作千头万绪，他们从1997年7月一直忙到了1998年10月。

除了人事工作，财务成为茅台兼并习酒过程中面临的另一道难题。由于习酒亏损停产，清产核资便成为既重要又困难的事。兼并小组的工作人员夜以继日地清产核算，发现习酒债务中，欠下省、地区、县三级财政借款和各部门税费高达2亿多元，这让兼并工作变得棘手起来。为处理这笔债务，兼并小组撰写了27份报告，小组成员带着这些报告，踏上了漫漫征途。在一个部门一个部门的拜访中，涉及债务问题的处理却没有相关政策支持，工作一度陷入僵局。

时任兼并小组副组长杨菖浦回忆："我们在拜访初期，可以说是处处碰壁，多数部门表示没有商量的余地，还有一些部门寄希望于茅台集团来归还，我们只好一家一家地反复介绍习酒的情况，说明这是省政府主导关于习酒生死存亡的兼并。如果债务不能解决，不仅习酒员工的生活没有着落，国有资产也会遭受损失。"[①]

在省市召开多次会议、多个座谈会后，27 份报告终于都得到批复。习酒 2 亿多元的债务得以妥善解决，终于为兼并工作扫除了障碍。"这项兼并工作是省、市、县三级政府和相关部门实事求是、通力合作的成果。"杨菖浦满怀感慨地说到。

正当兼并如火如荼地进行时，一声枪响打破了宁静，习酒时任总经理陈星国选择用自杀的方式结束了自己的一生。他的墓志铭刻着："错过，对过；成过，也辉煌过。倾注一生心血，把一个小小作坊，发扬光大，从无到有，从有到无。起点与终点的重合，也就了此一世人生，是也非也，功也过也，尽属凡尘琐事。如今，荣辱与皮囊一起，化成青烟散去，俱往矣！这大千世界，也只能证明，你曾经来过。"

从采取种种举措把企业发展壮大，到让习酒停工停产，陷入负债累累的局面，陈星国历经了习酒的辉煌与落魄。虽然最终结局并不圆满，陈星国带给习酒的改革与创新基因，却成为习酒行稳致远的重要法宝之一。

---

① 杨昌浦 . 关于茅酒厂兼并习水酒厂的回忆 [C]. 贵州茅台酒厂（集团）习酒有限责任公司，2018.

1998 年 8 月 31 日上午 10 时 30 分，在贵阳市云岩宾馆，茅台代表季克良和习水县政府代表李平在协议上签字，之后，习酒归到茅台旗下，成为茅台的一员。同时，茅台给习酒背书，并带来实实在在的好处。在市场上，习酒成为茅台的子公司，能够快速提升其市场知名度和美誉度；在管理上，茅台向习酒派送直系管理干部，为习酒注入茅台稳健的管理风格。显然，在习酒形势危急之际，茅台为习酒带来了全新的气象。

10 月 26 日，贵州茅台酒厂（集团）习酒有限责任公司正式挂牌成立，一项载入史册的赤水河畔两大名优酒企的兼并最终完成。

重振信心：走上艰难复兴路

1998 年，一辆车牌号为"贵 A31818"的破旧三菱车颠簸着开进习酒。这辆破旧三菱车上坐着从茅台派到习酒的第一批干部，他们给习酒带来了转折与新生。谁也没想到，这辆破旧的三菱车陪伴着习酒走过了复兴之初最艰难的两年时光。其中，最令人印象深刻的是，这辆三菱车还带着习酒的领导去成都参加了 2000 年的全国糖酒会。

兼并之初，习酒的财务捉襟见肘，内部基础设施老旧破烂。车龄均在 10 年以上，不说换新车，就是换轮胎都没钱，小车班的司机们为了确保行车安全，自己动手修车，向别人讨要旧轮胎。不仅如此，那时的习酒办公大楼拮据到仅有两台空调，赤水河谷夏季温度常常超过

40℃，让人汗水直淌。新调任到习酒任职的一把手，就这样在只有一台电风扇的办公室里办公了两年。

刚经历重创的习酒，有 4.62 亿元的企业总资产，却身负 6.54 亿元的债务，负债率高达 148%。巨额的债务就像一座大山压在习酒身上，习酒要还债和恢复生产，处于危急存亡的紧要关头。

尽管习酒在被茅台兼并之初，贵州省就针对习酒出台了一系列帮扶政策——针对习酒的债务压力，允许习酒"挂账停息"，即将贷款暂挂，避免利滚利；习水县允许将习酒每年上缴给财政部门的税收，按增长比例返还部分税款，以抵还贷款，减轻习酒债务压力。针对习酒恢复生产问题，允许习酒赊购粮食、包装材料等，以尽快恢复生产。

与此同时，习酒在被茅台兼并后，虽然作为茅台的全资子公司，其管理系统有所强化、市场信任度也有所提高，很大程度上暂缓了其面临的种种危机，但兼并后的路要如何走，习酒还得靠自己。因为习酒保留着法人资格，实行独立核算、自主经营、自负盈亏机制，是独立的市场主体，所以说茅台对习酒过去存在的不良资产、负债贷款不承担连带责任。

复兴之路不易。在内外堪忧的境况下，习酒既要抓生产，又要抓销售；既要抓稳定，又要抓经营。无疑，这对习酒来说是个严峻考验。对此，习酒领导班子针对习酒的发展状况，明确了习酒未来四年的前进方向：一年打基础、两年有起色、三年上台阶、四年大发展。

同时，为了实现这一目标，习酒新班子未雨绸缪，大刀阔斧实施了一系列的经营管理改革举措。

要想恢复生产经营，现金流是王道。高额的负债导致习酒在账面上没有流动资金，这成为制约习酒发展的重要因素。针对这一难题，习酒通过与债权方重新签订协议，申请停息、打折、分期偿还等，增加账面的流动资金。而这一举措，并非习酒拍脑袋想出来的，而是通过经验总结出来的。

一次，两位东北客商拿着 100 万元的欠条找到习酒的领导，告诉他，只要及时还款，就给他 20 万元的"回扣"。东北客商的话，让习酒的领导豁然开朗。一条新的措施被习酒实施起来——习酒变被动为主动，征得广大债主同意，与之签订协议，承诺会在对方减免 30% 的欠款金额、停止计算欠款利息且在以部分老产品抵扣欠款的基础上，按时分期归还欠款。也就是说，将"回扣"给到明处，直接付给公司。如此，既堵住了暗箱操作的黑洞，又体现了习酒的信用，减少了积压库存与债务。通过此举，习酒不仅减账 600 万元，还明显提升了自身的社会声誉，优化了经营环境。

债务问题不再是影响习酒现金流的因素。在此基础上，习酒借助茅台背书，对上下游合作伙伴采取了不同的付款对策——对上游供应商，习酒采取先货后款的策略，在三个月内分期支付进货款，支付比例为 3：3：4；对下游渠道商，习酒则采用先款后货的策略，力断赊账做法，保证资金回笼率始终维持在 90% 以上。这样一来，习酒将货款先回笼用于生产，形成资金的良性循环，既通过销售实现了开源，又在原辅料供应方面实现了节流。在没有一分银行贷款、没有一分账面流动资金的情况下，习酒充分利用新举措，既还了债，又保证了生产经营的正常运行。

习酒一边还账，一边开拓销售市场，奋战在艰难的复兴之路上。虽然在这条复兴路上发生了太多让人深感无奈的辛酸事情，但好在曙光出现，抚慰了在黑暗中坚守的习酒人，让习酒人更加坚定自己的选择。

在多方的帮助下，1998 年 10 月，习酒迎来 1994 年后的首次盈利，经营状况得到大幅改善。1999 年，习酒实现销售收入 1.2 亿元，净利润 500.44 万元，一举扭转了连续 6 年亏损的局面。

茅台兼并习酒，可以说是白酒行业最为成功的案例之一。它让习酒在短短三年的时间里，就实现了从负债累累到复产还债，再到债务逐渐减少，进入营收的正向循环的转变。毫无疑问，兼并事件为习酒打开了一扇生门，让其重新焕发出了新的活力。

而习酒之所以迎来柳暗花明，源自其强劲的生命韧性。回看 20 世纪 90 年代末至 21 世纪初期的中国，相继发生了许多白酒企业被收购、兼并的事件。比如河南宝丰酒被健力宝收购，武汉黄鹤楼酒被天龙投资公司收购，四川文君酒被路易威登收购等。但这些白酒品牌发展到后来，不是被几经转手，就是酿酒之路曲折，其发展道路大都不太顺畅。而习酒作为白酒行业中同样被兼并的企业，却少有地实现了触底反弹，从破产的边缘爬了出来，并重振信心，获得了新生。这得益于天时、地利的推动，但更为主要的还是习酒人坚韧的品格指引着其脚踏实地、从容前行，从而能够挣脱黑暗，迎来艳阳高照，走出独属于自己的新发展之路。

复工复产：首创"黔派浓香"

习酒被兼并之初，可谓百废待兴、百事待举。要布局的第一颗棋子，就是恢复生产。

2000 年前后，白酒行业可谓"全国江山一片'浓'"，浓香型白酒占据了大约 70% 的市场份额，而酱香型白酒的市场生存空间却极其有限。针对市场实际情况，茅台决定暂时让习酒放弃酱香型白酒的生产，把主要精力放在全面恢复浓香型白酒的生产上，助力习酒站稳"黔派浓香"市场。

"酒体幽雅醇厚、协调丰满、绵柔爽净、窖香浓郁。习酒鲜明的个性化品位风格，既有别于以泸州老窖、五粮液为代表的川酒风格，又不同于苏、鲁、豫、皖浓香型白酒共有的淡雅品位。'浓中显酱，显而不露'，可谓独树一帜。"2007 年 9 月，中国酒业 16 位权威专家如是评价。他们一致认为，习酒开创了中国白酒香型新流派——"黔派浓香"。

　　早在 1979 年全国第三次评酒大会确立白酒香型概念以来，以香型划分白酒阵营的规则便已经形成，此时的习酒便以"黔派浓香"的旗帜，成为中国白酒版图上格外显眼的一支劲旅。

　　实际上，习酒关于"黔派浓香"的探索，最早始于 20 世纪 60 年代习水大曲的试制。从探索到确立旗帜地位，习酒"黔派浓香"领头羊的地位，经过了几十年的开拓和奋进。

　　1966 年，习酒开始浓香型大曲白酒的试酿，"黔派浓香"的扛鼎之作习水大曲问世。浓香型白酒讲究中高温制曲，制曲温度为 55℃～ 60℃。习酒前辈曾前德带领团队自行研制出习水大曲的架式中高温制曲，在浓香型白酒生产中一直被沿用，沉淀为一种珍贵的酿造工艺。这种工艺既保证了曲药的清洁，又保证了白酒的纯正风味，还保证了习水大曲浓头酱尾的典型"黔派浓香"风格和入口柔和、充满醇香的饱满口感。

　　二十世纪七八十年代，"黔派浓香"初绽华光，习水大曲风靡白酒市场，一瓶难求。因为独特的风格，在东北、华北等喜好高度白酒的地区，习水大曲相当紧俏。当时，在习水酒厂拉酒的酒商，进货都以车皮为单位。习水大曲投放到市场上，很快就被客户一抢而空。在习水大曲的攻势下，贵州浓香型白酒在全国占据了一席之地。金字招牌被立起来了，习水大曲"黔派浓香"的名头，成为消费者心中的一代经典。

21 世纪初，经历过阵痛的习酒，继续深耕浓香领域，专注研发浓香型白酒。2003 年，尽管酱香型白酒的研发已重新启动，但习酒的重心仍在浓香型白酒上，还确立了"倾力建设贵州浓香型白酒生产基地，精心打造贵州浓香型白酒第一品牌"的战略定位，将浓香型白酒作为主导产品来运营。

习酒在浓香工艺上的探索日益精进。2005 年，习酒成立五星习酒品牌打造领导小组，以五星习酒为核心，将其打造为习酒名牌产品，并产生全新的盈利模式，在提升五星习酒品质的同时，拉高单价保障利润空间。

作为习酒抢占中低端市场的主打产品，五星习酒自推出以来就备受好评。尤其是在 2007 年，五星习酒获得"中国驰名商标"。同年，习酒创造性地提出"黔派浓香"品牌概念，正式将星级习酒树立为"黔派浓香"的旗帜。由此，在品质与品牌的双重攻势下，五星习酒、三星习酒成为拳头产品，习酒独树一帜的"黔派浓香"成为白酒市场上的明星产品。

习酒专注于"黔派浓香"定位，构建出以五星习酒为主导品牌的浓香型习酒系列产品体系，其市场占有率连年上升。2009 年，浓香型白酒的销售额就占据企业年销售额的 80% 以上。2010 年，习酒年销售额突破 10 亿元的时候，五星习酒销售额占据了 60%，成为当之无愧的贵州浓香型白酒第一产品，"习酒五星、液体黄金"家喻户晓。

在"黔派浓香"前沿，习酒随着自身实力的增强，成为赤水河沿岸酒业版图中的星级成员，打造了一张特色鲜明的黔酒产业名片。

除了提高星级习酒"黔派浓香"白酒市场占有率，为满足不同消费群体的需求，习酒开始布局产品阵营。围绕五星习酒，习酒后续开发了一系列浓香型白酒产品，包括三元春、六合春、九长春等春之系列；15 年陈、8 年陈、5 年陈、3 年陈等陈酿系列。此外，习酒还开发了一系列 OEM 酒^①等。这些产品的表现虽然不如五星习酒亮眼，但它们一起形成了以五星习酒打头阵，系列酒、集团公司特许品牌酒列次的浓香梯队，高、中、低档多类产品，组成了不同市场需求的阵列。

一分耕耘，一分收获。多年来，习酒在坚持踏实做好酒的同时，勇于承担社会责任，其良好的企业形象得到了消费者的认可。2007年，习酒销售收入历史性地突破 3 亿元，利润突增到 6000 万元，利润率达 20%。这一年，习酒一跃成为贵州白酒中的第二品牌。

稳扎稳打至 2008 年，习酒已经还清了所有债务，并向习水社保部门补缴了之前欠缴的"两金"，共计 1500 余万元。习酒完成了涅槃，并从这一年起，实现了重生。

有志者事竟成。茅台兼并习酒以来的十年，习酒从转折到复兴，

---

① OEM 酒，指习酒与经销商合作，负责代工生产某品牌产品，生产完成后，就将产品交给经销商售卖。

步履艰难，不但要面对未知的艰难险阻，还要克服从高处跌落低谷的恐惧。但在每一位习酒人的努力与见证下，习酒终是向死而生，并以全新的步伐走上了复兴的道路，此后企业发展更是一步一个台阶，一年一个飞跃。

顺势而为：重启酱香型白酒酿造

习酒被茅台兼并后，只有浓香型白酒生产线恢复了生产，酱香型白酒生产线则一直处于停摆状态。

当时，习酒作为茅台全资子公司，与茅台存在同业竞争，生产酱香型白酒不利于两者协调发展。此外，2000 年前后，浓"行"天下，酱香型白酒的市场需求极为有限。因此，经茅台集团综合考量后，没有恢复习酒停产的酱香型白酒生产线。以此，习酒按照规定，将精力集中于浓香型白酒的生产。直到 2003 年，一个契机的到来，让习酒酱香型白酒的生产终于得以重启。

契机源于五粮液集团的一次招工事件。2003 年 6 月，五粮液来到二郎滩招工，招聘对象大多是一些从郎酒和习酒出来，且有酱香型白酒生产经验的下岗工人。此事引起了习酒的高度关注，公司领导层察觉，五粮液有生产酱香型白酒的念头。

2003 年 11 月，习酒高层以贵州省糖业烟酒公司的名义，组团前往五粮液实地考察交流并带回部分样酒。化验分析后，习酒将这些样酒与结果送到茅台，并向茅台高层提出重启酱香型白酒的生产计划。

当年，五粮液是白酒行业中的龙头企业，一举一动备受行业关注。其突然进军酱香型白酒市场，这让茅台在欣喜酱香型白酒迎来市场的同时又顿感危机四伏。

欣喜是因为彼时的白酒市场，是五粮液、泸州老窖、全兴酒厂等浓香型白酒的天下，市场对酱香型白酒的接受度不高。五粮液提前布局酱香型白酒，意味着在五粮液的版图中，酱香型白酒在未来或将占有重要一席。

感到危机是因为当时茅台已在白酒市场竞争中崭露头角，但从市场格局来看，茅台一直专注于高端酱香型白酒，缺少除此以外的拳头产品，集团内部也鲜有产品能支撑非高端市场，尤其是次高端、中低端酱香型白酒市场的占有率较低。五粮液有意向布局酱香型白酒的战略无疑给茅台带来了危机感。

基于此，在战略陈述时，习酒公司明确提出，在茅台酒的市场空间下，需要一款腰部产品助力，而有着良好基础的习酒则是此刻的最佳选择。为在同等市场与五粮液展开竞争，茅台集团同意习酒公司重启酱香型白酒的生产。

习酒公司万分珍惜这次机会，没有大张旗鼓地宣传，而是对外称需要生产酱香调味酒来丰富浓香型系列白酒的产品线，布局浓香型白酒的新品开发。生产班一个个增加，厂房一栋栋拔地而起，酿酒工艺也逐渐朝茅台靠拢。正是这样一个缓冲过程，习酒才重新取得酱香型白酒的生产经营权。就这样，习酒开始光明正大又务实低调地重启酱香型白酒的生产。

在"一品为主，多品开发"的品牌战略下，2005 年 6 月 1 日，备受期待的汉酱 1986 震撼首发。汉酱 1986 的定位为大众中低端酒，未触及茅台主导的高端市场。这是习酒重返酱香型白酒市场的第一款产品，在未做任何推广的情况下，一问世就一炮走红，市场反馈良好。

2005 年 6 月 8 日，金质习酒问世。金质习酒瓶身乳白，帽盖金黄，包装外盒同样通体绘金、耀眼夺目。其后，习酒又陆续推出银质习酒等中端酱香型白酒产品，同样以优质著称，广受市场欢迎。

可以说，从 2003 年到 2010 年，无数消费者都在期待一款酱香型白酒新爆品的出现，更精准地说，习酒人一直在为之蓄力。2010 年，习酒面向全国上市了具有纪念意义的习酒·窖藏 1988。从某种程度上说，习酒·窖藏 1988 是新时代酱香型白酒热的成果，代表着酱香型习酒的强势回归。

在意识到浓香型白酒市场趋于饱和的前提下，习酒抓住酱香型白酒发展机遇，提前布局筹划，逐步进行"由浓转酱"的战略转变。2021 年，习酒正式提出"浓改酱"战略，浓香型白酒生产车间大规模减少，生产人员陆续被分流到酱香型白酒生产车间。

回溯历史，不得不说，重启酱香型白酒的生产在习酒发展史上画下了浓墨重彩的一笔。习酒与酱香型白酒的命运一直交叠缠绕——习酒诞生之初，邹定谦将白酒酱香技术的核心带到酒厂，成为习酒的起家技艺；重建酒厂时期，曾前德等人历尽艰辛也要试酿酱香型白酒；及至被茅台兼并之后，习酒即使专注于浓香型白酒的生产，却也在厂内一直保留着酱香型白酒生产的原料和设备。并且，习酒还曾多次请求生产酱香型白酒，只是直到发生了五粮液试酿酱香型白酒事件，才被允许生产。

看得出，不管面对怎样的艰难，习酒人都从未真正放弃过酱香型白酒的生产。而且，只要契机来临，他们就会毫不犹豫地立马重启酱香型白酒。基于习酒人这种永不放弃、奋斗不息的品质，习酒生产出了一系列优秀的酱香型白酒。从这一维度而言，酱香型白酒之于习酒，象征着兴盛，代表着荣光，而其中的精神品质，更需要习酒人一代一代地传承与发扬。

当然，习酒成功重启酱香型白酒还离不开习酒人对白酒市场的敏锐判断与前瞻把握，这不仅让习酒能够率先布局，于酱香型白酒时代来临之际抢占发展先机，而且帮助习酒彻底摆脱了"习酒不能同质化竞争的魔咒"，并以此改变了习酒未来的发展方向，创造出如今的百亿辉煌。

习酒就像一位高明的棋手，永远在求变中成长。对于如何创造"我的时代"，习酒难以给出标准答案。但从习酒的行动中，我们有理由相信，在每一个机遇与挑战并存的时代，这家以变求变的企业，始终会交出一份完美的答卷。

谋篇布局：扎根贵州稳市场

习酒的复兴之路，走得并不那么顺畅。尤其是市场建设，可谓举步维艰。在这样的情况下，产品调整、生产变革、市场再划分，成为身处低谷中的习酒的必然选择。

不同于 20 世纪 90 年代初期的习酒市场遍布全国，销售人员成百上千，复兴初期，习酒销售公司仅存 70 人左右，人力资源十分有限。如何将他们放到合适的市场中，发挥出最大价值，变得十分关键且紧迫。

基于该现状和对未来的市场规划，习酒坚持"有所为，有所不为"的原则，对市场布局进行规划调整；同时决定采取先收后放、有进有退的策略，确定目标市场。即在初始阶段先收缩市场范围，主动放弃一些空白市场和"夹生市场"，着重在贵州范围内建成有较大收益的成熟市场，待有所积累和品牌影响力增强后，再逐渐扩大市场范围，从而加强新时期的市场建设。

为什么把市场建设的重点放在贵州？首先，当时习酒在贵州市场销售的总量占其销售总量的 80% 以上。率先巩固开拓贵州市场，守好家门口的地盘，效率更高，也更容易。其次，白酒作为贵州省的支柱产业之一，当地省委省政府会予以扶持并给予一定程度的政策倾斜，这为习酒的销售创造了有利条件与良好机遇。

为巩固贵州市场，习酒采取了一系列具体的措施，其中，营销队伍的建设是重点。首先，提高整个营销队伍的整体素质。习酒在公司内部公开招考营销人员，一批富集营销理念的员工走进销售公司，为营销队伍增添了有生力量。其次，对营销人员进行专业知识培训。习酒聘请营销策略专家、法律专业人员对营销人员进行专业培训，促使营销人员更新思想、转变观念、提高素养。

2003 年，习酒开始试行"大市场"策略。以贵州为例，抛开繁杂多变的地区和市场，习酒将整个贵州按地理位置划分为大东部市场、大西部市场、贵阳市场和遵义市场。大东部市场包含黔东南、黔南、铜仁，大西部市场包括六盘水、毕节、黔西南。大东部和大西部市场分别由一位负责人统筹管理，贵阳市场和遵义市场则独立出来。因为在习酒的全国市场布局中，贵州市场占到了 80% 以上；而在贵州市场中，遵义市场和贵阳市场又占到了 60% 以上。习酒当时还做出一个重要决定，即直接将销售公司搬到贵阳。这更加有利于业务接洽与会谈工作的开展，提高了习酒的市场影响力。正如当时很多人说："习酒了不起，在贵阳这个地方都有办公楼，很有实力。"

"大市场"策略，一方面可以有效解决销售公司人员缺乏的状况，直接给大市场和大区域配置足够的人手；另一方面，当时习酒的经销商和产品比较单一，且销售公司的管理方式比较粗放，销售战术和策略也很少，"大市场"策略的推行，正好可以集中力量来保证习酒主要营销市场的稳定。

现任销售公司副总经理的霍娴是当时营销队伍中的一员。回忆起"大市场"策略带来的成效，她提到大市场的划分促进了细分产品的开发和延伸。例如，由五星习酒延伸而来的三星习酒，以及三元春、六合春等产品都是"大市场"策略下诞生的产物，习酒以此提升了在低谷期的产品竞争力。

虽然习酒有了非常清晰的市场战略部署，但在具体的市场开拓过程中，仍无可避免地遇到许多困难。

贵州是习酒的主要市场，可凭习酒当时的经济实力和规模效应却很难在贵州打响品牌知名度。比如，困于资金缺乏，习酒无法上央视打广告，且这种宣传方式也未必能达到预期效果。如此一来，习酒只能另辟蹊径。

在习酒发展史上，有很多成功的营销案例。比如，2004年，习酒进行品牌升级，不仅在一些重点市场举办了老乡会，而且开展了五星习酒上市发布会，选出了五星习酒的荣誉顾问。除此之外，习酒还和贵州电视台合作推出了"习酒杯·美食贵州"电视大赛活动。习酒通过一系列的营销活动，宣传了习酒品牌，提高了习酒在市场上的声誉。

在习酒各方的努力下，贵州的白酒市场得以做大做强。不可否认的是，优秀的营销人员在其中有着不可替代的作用。时任贵州大西部市场经理的陈宗强，在 2004 年到 2010 年将大西部市场的销售额从 600 多万元增加到 1 亿多元，在这了不起的成绩背后，是方法与努力的双重结合。

在贵州大西部做市场期间，陈宗强打造了一支专业有素的营销团队，并提出建设学习型的大西部市场。他在谈到相关经验时，不无感慨地说："市场是'跑'出来的。"

为做大做强大西部市场，年轻的陈宗强不辞辛劳跑遍了贵州西部的所有县。即使当时团队成员只有六七个人，他还是坚持带着大家去各个县和经销商开会，调研市场，和经销商拉近关系。同时还确立了两个目标：一是消除没有经销商的空白县；二是开拓"百万县"，即销售额过百万元的县。为实现目标，陈宗强带领团队成员帮助年销售额只有一二十万元的经销商重塑信心，"只要这个县没有达到百万元的销售额，我们就要帮它找原因"。在陈宗强及其团队成员的共同奋斗下，习酒很快在贵州大西部地区有了强大的市场基础。

市场的开拓注定需要付出艰辛。1992 年，张应伟进入习酒。1997 年，他从华北市场调回遵义市场，负责遵义市场的开发。为打开遵义的浓香型白酒市场，他先从市区下手，采取板板车（当时经销商还没有送货车）加步行的车销模式，对全城的烟酒店、餐饮店进行地毯式铺货。在他的努力下，仅仅一个月，三星习酒、五星习酒等产品的上柜率就提高到 80%，动销和返单不断增加。

针对县城、乡镇地区的市场，张应伟更是绞尽脑汁想办法。为打开遵义市余庆县构皮滩镇的市场，张应伟和余庆县的经销商带着酒，坐着中巴车，一路颠簸抵达当地。经过一番市场调研后，他们发现构皮滩镇要建设电站，而大量施工人员的进入将会增加当地的白酒需求。于是，他们几经努力，终于找到一位愿意做分销的客户。没过几天，带去的酒就卖完了。之后，他们选择通过中巴车捎带的方式，将产品送往构皮滩镇。很快，余庆县的各个乡镇纷纷建立起习酒销售网点，构皮滩镇成了遵义市场第一个销售额达百万元的乡镇。

贵州市场的巩固及强大，为习酒开辟全国市场打下了坚实的基础。

“一肩两挎”：开拓省外市场

在“大市场”策略的推行下，贵州省内市场布局问题得到高效解决。但是针对周边省市的市场布局，习酒还需要进一步思考，如何在统合有限资源的基础上，开辟出新的天地。由此，一种被称作“一肩两挎”的新策略诞生了。该策略意味着“大市场”在负责省内市场的同时，还需兼顾周边省外市场。“一肩两挎”策略天然地选取地理位置相近的市场，以贵州大西部市场为例，它涵括了六盘水、毕节、黔西南市场，如周边的云南市场虽然属于省外市场，但是距离黔地很近，通过"一肩两挎"的策略，可以将云南市场纳入贵州大西部市场的范畴，以此尝试整合市场资源。

类似地，贵州大东部市场也通过实行"一肩两挎"策略，将广西、湖南等市场纳入，从而进行更高效的统筹管理。

在"一肩两挎"策略的推动下，习酒顺势加强了对省外市场的布局。在被茅台兼并后，省外市场发展得较为缓慢，且大部分省外市场基本上只能维持原有规模，客户增长少，品牌影响力较弱，终端市场开发难。在这样的情况下，习酒决定，在优先维护现有客户关系的基础上，仍要坚持省外市场的开拓。哪怕再难，销售人员也要沿着街边小店一家一家推销习酒的产品。

紧随"一肩两挎"策略，习酒进一步提出"环五市场"建设，即在环绕贵州的五个省（市区）——重庆、湖南、广西、云南、四川进行市场开拓。

2010年后，习酒大改之前的市场布局措施，不再将所有的人力、财力、物力全部集中在贵州，而是提出"1+3"的市场布局策略。"1"指的是贵州后方，"3"指的是广东、山东、河南三个省，即以贵州为核心，将三个省作为第一梯队重点市场进行打造。三个第一梯队市场的选取有着严谨的逻辑。其一，河南市场容量大、不排外，且本地酒不强势，产品包容性强，适合外来酒的发展；其二，山东市场属性优良，山东人酒量大，对酒的需求大，市场容量充足；其三，广东省经济发达，对外来酒接受度较高，需求可观。在此基础上，习酒的省外市场开发逐步铺开。

从"一肩两挎"到"环五市场"，再到"1+3"的市场布局策略，从贵州到贵州周边省市区，再到省外重点区域，习酒的市场布局由点到面，如星火燎原，染红了中国白酒半边天。从稳固根基到逐步培育省外市场，习酒所走的路子是正确的，为重回全国市场打下了坚实的基础。

时机，对企业的成长而言至关重要。习酒拥有敏锐的市场感知力，并将因势而变的理念运用得淋漓尽致。在上升期果断出击，掌握主动权；在形势剧变之时收回羽翼、潜心蛰伏。正是这样识时务，习酒才能抓住机遇，铺开市场，一步步强大。

第二节
融合：无情不商共荣光

冲突融合：打造全新企业文化

尽管习酒被茅台兼并后，迎来了新的发展时期，但由于双方并没有磨合，兼并重组、新旧接棒、团队融合、组织调整等矛盾逐渐显现，要想处理好，桩桩件件都并非易事。尤其是文化的冲突，更是需要花费时间和精力求同存异，实现融合发展。

在所有兼并重组的案例中，彼此文化的差异，是最难以克服的。打破文化壁垒，实现文化相融，从某种程度上说，可以算是兼并企业面临的最大挑战。从企业文化到管理风格、员工面貌，不同于销售额等硬指标，文化看不见、摸不着，却是一把"软刀子"，影响着企业的正常运行。文化相通，则发展道路相通；反之，则发展道路困难重重。

习酒加入茅台集团初期，原管理层对茅台集团派遣的空降领导都会习惯性地说"你们茅台、我们习酒"。这虽然只是一个细节，却体现出兼并重组后双方难以跨越的鸿沟与隔阂。初来乍到，质疑情绪若隐若现。"茅台来的人不懂市场，凭什么能搞好习酒？"类似的非议时有所闻。

茅台派来的管理团队知道，这是两种不同企业文化的碰撞。进入一个曾在市场上比他们走得更远的队伍，并锻造出一支新的铁军，兼并者的管理态度与策略显得尤为重要。他们暗定原则：对习酒的过去，不议论或少议论，不否定多肯定；过去保留的企业制度和文化，只要不损害企业利益、不违反组织原则，有利于企业和职工长远发展，就一定执行。

习酒与茅台的文化冲突在岁月的沉淀中慢慢消解，"精诚团结，共展宏图"的愿景越发凸显。一如1998年的五四青年节上，公司举行了一场"茅习青年男子篮球友谊赛"，不论公司所属，队员们在篮球场上一起肆意挥洒汗水，畅享快乐青春。

时代在变，没有哪一家企业可以保证自己永远独善其身，没有茅台的帮助，踽踽独行的习酒将会更加艰难。正是由于两种文化的不断碰撞，习酒才形成了更符合当下社会发展的企业文化。

为了习酒的更好发展，领导层不仅需要充分展现包容与尊重的态度，还需要挖掘打造让习酒员工认同的企业文化精神。于是，习酒提炼出"爱我习酒、苦乐与共，兴我习酒、奉献社会"的企业精神，还构建起"以诚取信、以质取胜、锐意创新、追求卓越"的质量方针。

全新的企业文化，将新鲜血液和老前辈们紧紧地绑在一起，进一步加深了茅台与习酒的融合，同时还开创了企业情商文化建设的先河。从 1998 年的情商文化发轫到"无情不商"等一系列内涵，正如习酒的领导人所说，情商文化是一种不断丰富的企业文化。情商文化对内可统一文化理念，提高企业凝聚力；对外可团结经销商，树立企业形象。在这样健康、先进的企业文化指引下，习酒锚定发展方向，奋力前行。

"无情不商"：情商文化发轫之始

现代人看到"无情不商"这个词，很容易会联想到"无奸不商"。实际上，"无奸不商"的原意为"无尖不商"，指的是卖米的商家在称米时会将升斗内的米削平，以示分量准足。钱货两讫后，商家反而会在已抹平的米面上添一撮"尖头"，尽量让利[①]。一个原本表达善美的词经过杜撰、延传，成为对商人的贬义词，令人无可奈何。词的本义已不可取，习酒索性再创词语，重新阐述商情之本质。于是，"无情不商"应运而生。

---

① 被误读的词句 [J]. 现代班组，2009(11):51.

1998 年，新企业成立之初，针对过去的一些弊端，习酒决定重整旗鼓、审时度势、与时俱进。于是，习酒在市场营销建设中，响亮提出了坚持"无情不商，诚信为本"的核心经营理念，开创了企业情商文化的先河。情商文化构建起包括企业方、供应方、经销方和消费者在内的和谐利益共同体，以真情服务，倾力打造习酒以造福社会为己任的全新企业文化和品牌文化。

随着企业的发展及经验的积累，习酒"无情不商"的理念进一步升华为"爱商、亲商、安商、扶商、富商"等一系列内容。

无情不商、亲商，代表着习酒对经销商尊重谦让、以心换心的理念。在销售工作中，品牌宣传与获得认同需要长时间经营。习酒在建立品牌认知和价值认同上，每年都会投入大量的资源。比如，通过举办各类活动，与市场建立联系，让更多经销商了解习酒。

无情不商表现出的是一份谦让、一份谦卑。"只要你是我的经销商，我就得多敬你几杯。"这样的理念在习酒高层身上体现得淋漓尽致。

有这样一个故事：习酒正处于被兼并的低谷期时，有一位经销商打款 30 万元，准备承销习酒。这 30 万元，对高速发展中的习酒本不足为奇，但在艰难的复兴时刻，这 30 万元无疑是雪中送炭，虽扭转不了负债累累的局面，却给予了习酒最宝贵的信心。当时的习酒高层直接敬了这位经销商三大杯酒，意在用最真诚的态度向其表达最诚挚的谢意。甚至到后来，习酒衍生出了这样一条明文规定：在接待客人时，宴席上只能上自产酒；在外宴请经销商时，对方经销什么酒就上什么酒，哪怕是低端酒，也一样端着杯子喝。这样做，一方面是为给自家产品打气，坚定经销商的信心，用实际行动支持习酒品牌；另一方面则是以最谦卑的态度，充分表达对经销商的感恩和敬重。

再看这样一个故事：一位市场营销员在武汉挖掘了一位新的经销商，且这位经销商打款 100 万元到习酒账户，用以经销习酒的产品。这件事引起公司的重视，当时习酒高层在公司的大会小会上多次宣讲这件事。有人提出异议，认为习酒有些小题大做。但在当时，经销商能够给习酒账户一次性打款 100 万元，绝对是振奋人心的好消息。一是经销商认可习酒的品牌；二是经销商信任习酒的企业信誉；三是习酒有希望，市场在启动。正是这些经销商 30 万元、100 万元的支持，才让身处艰难时期的习酒一步一步重拾了信心。因此，习酒看重、感恩每一位加入的经销商。正是有了这些经销商，才有了习酒的今天。

实际上，习酒对经销商的看重、感恩，体现在每一处细节上。比如，在经销商的服务中，习酒严格要求营销人员，坚决摒弃捧高踩低的行为。一次，习酒高层视察市场，当他们走进一家路边的夫妻烟酒店时，看到该地区的习酒营销负责人正颐指气使地对店主说："前几天刚喊你把标签换过啊！你看你这个卫生整成啥样子哦！"可是当他见到一年销售十几亿元且身份地位比较高的经销商时，就换了一副模样，甚至不敢去靠近这位经销商，更不敢向其介绍习酒。对于习酒营销员工这一行为，习酒领导人怒斥道："我在旁边你都这样，那我不在的时候你会是什么语气？会不会安排他们（夫妻烟酒店老板）请你吃饭？会不会安排他们给你好处？很难说。反过来，如果我们恭恭敬敬地对待这些较为弱势的经销商，企业也许就会得到更多的回报……"

后来，在习酒会议上，领导班子再三强调，习酒每个片区的营销人员代表着习酒的企业形象，无论是面对什么级别的经销商，都应该秉持尊商、亲商的态度和以心换心的理念。服务好每一个经销商是营销人员的本职工作，只有做好服务，经销商才会更尽力卖酒。

"亲商"最好的做法是，加强与经销商的情感交流，提升经销商对习酒的认同感。"当每个地方市场出现越来越多的习酒人时，大家共同来做一件事情，这件事情就会变得越来越美好。"有着15年销售经验的艾宾乾谈到省外市场开拓时，认为加强与经销商的情感交流是习酒"无情不商"理念的最好表达。

曾在贵阳片区和毕节片区工作过的陶永奇说："经销商也很卖力，很多人把销售习酒当作一项事业来做。我们也会告诉经销商，如果把市场做好了，这就是一项事业，并且是可以传给子女的，这是习酒和经销商共同的财富。"这种利益与共的模式，是习酒和经销商之间最融洽的相处方式。

"无情不商"中的安商、富商等理念，意味着习酒在注重自身盈利的同时，也会对经销商让利，即在符合市场规律的前提下，满足经销商的利润需求。

当然，让利并不是盲目的，而是要帮助经销商获利。首先，习酒在制定出厂价时，会先对当地市场消费者的购买力进行评估，保证经销商的收益。其次，习酒会协助经销商开展前期的市场运作，给予运营支持，帮助经销商节约边际成本。最后，习酒会衡量成交价和零售价之间的差距，引导经销商确立合理的价格体系。此外，习酒帮助经销商深挖资源、寻求企业合作、构建直销渠道等，最大限度保障经销商的经营效益，达到让利目的。

"无情不商"的经营理念，最终落脚点在"情"。这表明习酒在追求成功的同时，更加重视互惠互利、合作共赢，力争与经销商产生情感与价值观上的共鸣。换而言之，习酒将每一个经销商看作朋友、伙伴、同行者，并在潜移默化中形成了共商情怀，这是对我国传统情商美德的提炼和升华，被赋予了新时代的精神内涵，成为习酒在市场经济环境下遵守的道德规范和价值取向。

风雨同舟：结成命运共同体

无情不商，为商守情。情商文化成为习酒与经销商之间的同心锁。实际上，作为最早闯进市场并奔跑了几十年的前行者，习酒的发展道路并不平坦。但由于很早就结识了一批忠诚的经销商，且这些经销商始终坚持与习酒同舟共济、乘风破浪，这才让习酒创造了奇迹。如果把习酒比喻成大海中的航船，那么，经销商则是助推习酒前进的风帆。所以，经销商之于习酒，有着举足轻重的作用，在经销商强有力的推动下，习酒能走向更远的未来。

比如，20 世纪 80 年代，习酒在致力于走出贵州、走向全国时，得到了一批目光长远的经销商的助力。这批老经销商在交通条件受限的情况下，仍然将大山里的习酒产品一箱箱地运往全国，成为习酒经销商群体的开路者。

河南的习酒经销商侯世安，1983 年接触习酒销售，1986 年直接代理销售习酒产品，是将习水大曲带入河南市场的功臣。他每次从河南出发，辗转数天才能到达赤水河谷，再将深藏在赤水河谷的酒香引回河南，从而使得习水大曲在河南走俏。

1995 年，习酒产品的销量遭遇滑坡。同年 8 月 16 日，侯世安在《郑州晚报》上发表了题为《我的一封公开信——给父老乡亲说点心里话》的文章，向老百姓推荐实实在在的好酒——习水特曲。

当时，恰遇酒精勾兑白酒占据河南市场，侯世安在公开信中写道："在这秀丽山谷中，我看到了传统工艺和高科技珠联璧合酿造的习水特曲的全过程，我亲自品尝了贮藏 7 年之久才能装瓶出厂的 38 度习水特曲……尽管我亲自驾车沿着街道一家酒店一家酒店地送货，登门推荐、免费品尝、赠送礼品等，千方百计地使河南父老乡亲尽快认识这款纯粮蒸馏酒。但前后费时半年左右，几乎耗尽了我全部的精力和财力，市场依然没有回暖，有部分消费者对其存在认知误区。我不禁自问，是父老乡亲习惯了狂轰滥炸的广告刺激？还是我的想法太傻？"侯世安的公开信中，恳切的一字一句，流露出他对习酒品质的认可和对习酒的情感。

最终，侯世安进行了一系列创新，如为了让餐厅服务员积极销售习酒产品，许诺给予服务人员相应的销售提成；不断完善习酒在河南的销售渠道，扩大习酒产品的市场占有率等。这些措施做大做强了河南的习酒市场，提高了习酒产品在河南的品牌知名度。

1993 年，在朋友建议下准备做酒水生意的吴坤跃，从贵阳出发，走过崎岖山路，终于在两天后到达了习酒公司。价格亲民、品质可靠的习酒产品一下子就吸引了他，从此，他成为习酒经销商。合作 30 年来，吴坤跃和习酒公司的关系格外和谐、紧密。

其实，吴坤跃加入习酒经销商队伍时，生意并不好做。当时，他守着一个面积约六七平方米的门店，其中放置酒的柜台就占了大部分空间。看店时，因店内面积有限，他往往都是坐在酒箱上。每次配送货，他都开着一辆单排座的小车，装上产品亲自给客户送去。所幸习酒产品在市场上的客户需求仍在，且吴坤跃在销售上也非常有眼光、很努力，终于成功度过了最困难的时期。

正是诸多像吴坤跃这样的经销商始终坚持与习酒共历风雨，才让习酒不断迈上一个又一个新的台阶。

有人说，习酒流淌在自己的血液里；有人说，习酒是一个温馨的大家庭；也有人说，愿意和习酒共同成长。全国各地的经销商，在习酒身上倾注了自己的情感，将自己一生的事业、家庭、命运与习酒相连、相融。

也因此，习酒对经销商处处关心。首先，习酒对经销商诚信相待。这和习酒的君品文化一脉相承，即对经销商的承诺就一定要践行，对经销商的帮助一定要落到实处。其次，习酒对经销商始终尊重，无论是普通员工还是习酒领导，在接待经销商时都很客气、热情。一个经典的小细节是，聚餐时若有经销商参加，习酒的领导、员工都会先向经销商敬酒，以示欢迎和尊重。

因为共同经历过风雨，所以习酒对经销商有着特殊的情感。对于部分长时间没能做大市场的经销商，习酒也并未放弃他们，而是不断为他们提供帮助，例如，对经销商进行销售培训、组织经销商与其他优秀者交流等。"不要因为现在习酒销售情况好，就忘记曾经和我们一起战斗过的经销商。只要他们需要帮助，我们就尽力提供。"习酒的营销人员如此说到。

一个优秀白酒品牌的壮大与腾飞，离不开经销商的努力耕耘。追梦路上，同舟共济，携手共进。习酒坚持在物质和精神层面与经销商共同发展，这是习酒命运之船行稳致远的关键所在。在这样的指引下，习酒与经销商结成了更为紧密的生态共同体，共同创造美好的未来。

情深义重：感恩牵挂经销商

经销商与习酒一路相伴，风雨同舟，习酒对经销商也有情有义。习酒是一家极其注重礼仪的企业，重东道主之礼、待客之道，在情商文化中，也深刻诠释着德性、礼法，以此增强与厂商的黏性。

在白酒界流传着一个著名案例：习水本地盛产麻羊，每到冬至时节，习酒都会购买羊肉，密封真空包装后寄给经销商与合作单位，并附上书信。千里送鹅毛，礼轻情意重。一份羊肉、一封书信，只是一份简单不过的礼物，却让原本建立于商业利益基础上的厂商合作，一下子变得极具人情味。

除了冬至的羊肉和书信，习酒还专门立下过一条规矩：凡是习酒的客户和经销商，在过生日或逢春节、端午、中秋时，习酒销售公司都要给他们送去鲜花和小礼品，以示祝贺。但凡喜事，习酒公司与经销商都是喜上加喜、喜气洋洋。这些看似细微的小事，正是习酒"无情不商"经营理念的具象化表达。

经销商李云鹏，大学刚毕业时加入习酒。起初，他只是被习酒的品牌和待遇吸引，后来发生的两件事，却让他真正认可了习酒这个大家庭，成了真正的习酒人。

第一件事是，李云鹏在 30 岁生日时收到了习酒送来的鲜花和蛋糕。这份别致的关怀与温情，让他多年以后，仍是记忆犹新。

第二件事是，有一次，李云鹏计划外出参加一场由习酒组织的重要会议，没想到，女儿却突然生病，情况不容乐观。他心急如焚，打电话推掉了会议。习酒销售公司得知情况后，当即决定推迟会议时间，并派专人专车帮他把孩子送往医院。最终，孩子因救治及时，有惊无险。在孩子抢救过程中，习酒人一直陪伴着李云鹏，因为他们知道，平日里再坚强的工作能手，成为父亲后，也会有脆弱和无助的时候，需要陪伴和支持。

习酒凭借自身强大的凝聚力和深厚的企业文化底蕴，吸引了诸多志同道合的经销商加入习酒这个大集体。

为增强与经销商的黏性，加深与经销商的情感，从 2008 年起，习酒每年都召开经销商大会。由此，习酒成了二线酒企中第一个召开经销商大会的酒企，不仅为习酒与经销商零距离接触创造了良好的契机，有助于获取更多的渠道信息，拉近与经销商的距离，激发经销商干事创业的热情，而且由于经销商大会每年在不同的城市召开，这对开拓当地市场有很大的促进作用。

习酒与经销商相互促进、彼此成全，形成了高度的默契与深厚的感情，这让两者不但成了利益共同体，更成了情感共同体，最终形成了"开放、共享"的行业生态。

经营之道：诚信守法为根基

"万安县有卖酒者，以善酿致富，平生不欺人。"

清代文人张潮的文言短篇小说集《虞初新志》辑录了《卖酒者传》一文，开篇第一句如是写到。传记记载了酒商郭节诚实坦荡处世的故事。"平生不欺人"，即诚实质朴，这是作者魏禧为卖酒者郭节立传的一大原因。除此之外，郭节还济困扶危，关爱弱小，代人偿债，还人田券。诚实善酿、品行高洁、谦谦君子的郭节留名青史，成为后世酒企争相效仿的楷模。

"人无信不立，业无信不兴。"习酒立世，亦以诚信为根基，将情感作为品牌的内涵。

1998 年，习酒重新将"诚信为本"作为经营之道、发展之本，破除了碰运气式的发展方式，强调要一步一个脚印，低调、朴实、可靠地走上复兴之路，这无疑夯实了习酒的发展基础。

习酒以"诚信为本"，最基本的就是要对产品讲诚信，即习酒始终重视产品质量，致力为消费者提供高质量的产品。民以食为天，食以安为先。白酒作为一种特殊的饮品，质量安全关系到消费者的身心健康。习酒在发展历程中，数十年如一日重视产品质量，将品质安全作为生存和发展的根基。这不仅是务本，更是君子酿酒的立身之基。

一直将产品质量作为企业发展必须遵循的根本，显示了习酒人对产品质量的重视。而产品质量的背后，彰显的是习酒人的人品。人在做天在看，习酒人从一开始就以诚信为本，用崇道务本的精神酿造每一滴酒，这也是习酒有底气面临各种磨难的原因。

从一次腾飞到至暗时刻，再到审时度势、重整旗鼓，习酒人没有忘记诚信，也没有忘记感恩。在"无情不商，诚信为本"的企业核心营销理念下，习酒人以真情服务，倾力打造取信于社会的企业诚信管理体系。

在习酒的各种文件、报告的字里行间，随处可见习酒人对"无情不商"理念和"诚信为本"规则的执着与坚守。

习酒将合规合法生产经营作为根本前提，其含义为：当习酒的利益与国家、人民的利益发生矛盾和冲突时，要无条件地维护国家、人民的利益，绝不因个人的利益失诚于国家、失诚于社会、失诚于消费者。

习酒明白，企业与企业之间，如果不树立"诚信为本"的经营意识，不顾全大局、不考虑长远，不维护消费者的利益，而采取见利忘义的手段来维护表面的繁华，就如同饮鸩止渴，其后果不仅损害经营者个人，而且会波及社会。

因此，习酒响亮地提出"树立诚信意识，建设诚信队伍，铸造诚信企业"的目标，建立营销人员的经营活动档案，制定与之相关的评估、考核办法，努力提高营销人员"对企业忠心，对工作尽职，对客户尽心"的服务意识，以诚信作为企业和员工的一切行为规范，从我做起，从每件小事做起，把"无情不商，诚信为本"当成人生的"坐标"和企业开展各项工作的出发点，倾力打造一支与"贵州浓香白酒第一品牌"相适应的高素质诚信员工队伍……一路走来，习酒在恪守"诚信为本"经营理念的过程中，曾与许多利益失之交臂，但习酒人从未后悔过。

有道是："精诚所至，金石为开。"习酒的新生和崛起，是市场和消费者对习酒人恪守诚信给予的最高褒奖与丰厚回报。

第三节
务本：秉承古法酿好酒

立身之根：传承纯粮固态发酵

君子酿好酒，拒绝虚华与浮躁。从 1998 年到 2009 年，习酒涅槃重生，变的是在茅台麾下重新开创习酒未来，不变的是一以贯之地传承纯粮固态发酵的酿造工艺。而这，正是习酒务本的体现，也是习酒安身立命之根。

众所周知，酱香白酒酿造工艺在白酒之中最为独特，可以概括为"12987"，具体是指酱香白酒的生产周期为一年，需要两次投粮，九次蒸煮，八次发酵，七次取酒。已有 70 多年历史的习酒，从诞生之时便沿袭着一套类似摩斯密码的古老数字，作为传承匠人精神、沿用农耕文明智慧、酿造高品质酱香白酒的一大秘诀。

自诞生起，习酒的酿造遵循自然规律，端午踩曲，重阳下沙，历经春夏秋冬，一年为一个酿酒周期。端午时节，习水区域内降雨量增加，气温逐渐升高，空气湿度增大，有利于微生物的生长繁殖，因而是制作酒曲的最佳时节。

此外，端午前后还是曲蚊的活跃期。在我国酿酒制曲中，曲蚊共有 20 ～ 30 种，而其中一种曲蚊则为赤水河畔独有，它外壳硬，像米粒那么大。经过曲蚊"加工"的酒曲，发酵后会产生馥郁的花果香气，还带有曲蚊繁殖的大量蛋白质和微量元素。质量越好的曲药，吸引的曲蚊数量就越多，酿出的酒也越香。

习酒优选质量上乘的小麦作为制曲原料。小麦粉碎后，加入水和母曲粉搅拌，要历经踩曲、摊凉、入室安曲、高温发酵和两次翻曲，历时 40 天左右出仓，之后再贮存 4 ～ 8 个月即为成曲。"曲块的质量关乎我们习酒的质量，只有把每一道工序做好做扎实，才能创造出最适合微生物生长繁殖的环境。"被称为"作曲家"的制曲大师们牢记此秘诀，并代代传授。翻曲后，他们会把曲药一层一层地翻开，以不同颜色的曲块来判断质量，如果色泽金黄，有特有的曲香，则质量上乘。

曲块放置到重阳前后就开始用来制酒。前后一共两次投料，也称为"下沙"。人们用"沙"来形容糯高粱皮厚、坚实、饱满的特性。之所以选择在重阳时节酿造，是因为糯高粱正成熟。唯有坚持用糯高粱投料才能够完成这项工艺，且有助于让每一个轮次酒的香味物质更集中，从而提升酒的风味与质量。

盛产于赤水河谷的贵州本地糯高粱的支链淀粉含量占总淀粉含量的 88% ~ 93%，远远高于普通高粱，且具有耐蒸煮的特点，这也意味着蒸粮时间可以更长。单宁含量适中，居于 1.5% ~ 2.0% 之间，有利于在发酵时产生更多的香味物质，包括芳香酸、芳香醛等，能够让酒体变得优雅、醇厚、回味悠长。

投粮之后是关键的蒸煮。习酒人常说："生香靠发酵，提香靠蒸馏。"酿酒就是人工为微生物创造条件。前期为微生物创造的良好环境，在蒸馏环节就要开花结果了。蒸酒是一个自下而上的过程，酒醅在甑桶层叠，蒸汽朝桶口升腾，蒸汽裹挟着粮食的香气和发酵而来的乙醇成分途至甑桶顶部，气温骤冷，酒气冷凝下沉，附着在桶壁，醅粮结成一个轮次的白酒。

每次蒸煮大约需要两个小时，"下沙"清蒸一次，第二次投粮再蒸一次，前两次皆不取酒。从第三次蒸煮开始，每次蒸煮完成后，酒醅经出窖、上甑、蒸煮得到一次酒。随后将酒醅摊晾，加入曲药翻拌、堆积发酵、再次入窖，然后酒醅又一次出窖、上甑、蒸煮，得到二次酒，反复循环，一共经历九次蒸煮，每月一次，直至七次取酒完成。

七是一个大美与和谐的数字，北斗有七星，一周有七天。每个轮次的基酒都有独特的个性，口感和风味各不相同，好似七个不同性格的人。

第一轮次酒酸味明显，带有一点生粮的香味，入口微苦；第二轮次酒酸涩苦辣，带着高粱的味道，如同二十岁左右的青年，不谙世事不识愁苦；第三、四、五轮次是黄金轮次，酱香突出，酒体醇和干净，被称为"大回酒"，此时的酒就像人到中年，春风得意马蹄疾，一日看尽长安花；第六轮次酒色泽微黄透明，酱香味中略夹杂着焦糊味，也被称为"小回酒"；第七轮次酒叫"追糟酒"，酒体偏黄，焦糊味明显，这个时期的白酒就像人步入老年，夕阳无限好，只是近黄昏。

由于特质不同，每轮次酒的产量也有高低之分。比如，前两个轮次的酒有高粱味，口感偏单调，产量不多。第三至第五轮次是产酒的黄金轮次，这个时期的酒酱香味浓厚，口感饱满，产量越高越好。后两个轮次的酒焦香味重，不宜多产。

根据每次出酒的特性，每个轮次的酒还分为酱香、醇甜、窖底香三种典型体，然后根据出酒的品质进行分级评定。就这样，基酒分轮次、分酒体、分等级，装在陶坛里慢慢贮存。七个轮次的酒各具风格，最后经过勾调，万般滋味融进一瓮中。

在蒸煮过程中，每轮次取酒后会加酒曲封窖发酵一个月，一共八次发酵。习酒制酒车间内，制酒师们通过曲药与高粱混合发酵的两种形式，为微生物创造更好的条件。第一种是有氧发酵，又称"阳发酵"，即将酒醅进行人工摊晾，在迅速降温的同时，微生物再次富集，弥补了制曲环节中微生物成长的不足。第二种是无氧发酵，又称为"阴发酵"，即把堆积发酵后的酒醅放入窖池，在相对密封的无氧状态下发酵。封窖时，习酒使用赤水河特有的紫红色朱砂泥土，这种泥土黏性好、无杂质。在一个月的发酵期内，酵母等微生物会不断繁育生长、代谢衰退，生成乙醇和丰富的香味物质。

因此，酿酒就是理解微生物的作用，再为微生物创造条件，顺应其生长规律，便自然而然地酿造出美酒。比如，在制曲的拆曲工序中，需要把曲块上的稻草清理干净，否则就会对高粱发酵产生影响。而踩曲工作，则要把曲块四周踩紧，让中间蓬松一些，目的是让曲块在发酵时能够充分聚拢微生物，给微生物在曲块中的生长提供条件。可以说，酿酒更多的是细节之处见真章，一点小小的工艺疏忽，都会产生影响。

每一滴习酒之所以弥足珍贵，是因为其中饱含着每一名习酒人对质量的承诺。无论是在身体力行的手工操作时期，还是在科技发展日新月异的今天，习酒人在酿酒上从未懈怠，一直都保持初心，秉承几十年的纯酿固态发酵传统，坚持自我，返璞归真。

"12987"，这看似简单的五个数字，却包含了 30 道工艺、165 个工艺环节，其中千变万化的复杂工艺细节更令人惊叹。然而，即使酿造工艺繁复如斯，习酒人却始终敬畏自然运行之道，自觉顺应万物生长的规律，展现了天人合一的酿酒观。

质量铁律：贮足老酒，不卖新酒

习酒秉承着古法酿造的技艺精华，恪守"贮足老酒，不卖新酒"的质量铁律，即一瓶习酒从原料到生产再到包装上市至少需要 5 年时间。无论是一路高歌入云霄的繁盛时期，还是陷入艰难的低谷时期，习酒的这条铁律从未改变。

俗话说："酒需三分酿，七分藏。"酿酒十分关键，而贮藏对白酒"品格"的形成具有重要影响。尤其是经过长期储存的酱香白酒，味道变得愈加突出，这是其他香型的白酒不具备的特质。5 年的时间，酒体会变得醇厚、圆润、绵柔。

在酒的储存过程中，水分子和酒精分子会产生氢键缔合作用，发生氧化、还原、酯化和水解、缩合等物理与化学变化，使酒中的醇、酸、酯、醛等成分达到新的平衡。如此，贮存时间越长，酒的陈味越足。习酒坚持"贮足老酒，不卖新酒"，这既是对消费者的承诺，又是自身持续发展的倚靠。

习酒设定了严格而精确的贮存要求。

首先，相比天然环境中的溶洞、地穴，人工修建的酒库是更好的贮存地点。因为人工修建的酒库能够根据气候调整酱香白酒的最佳贮存环境，即室温为 21℃、湿度为 80% 左右。

其次，陶坛是贮酒的最佳容器。有黏性的陶土经 1000℃ 以上的高温，才能烧制成陶坛。在陶坛烧制过程中，陶土中所含的气体成分被排除后，会形成许多像毛孔一样的小孔。空气中的氧气通过小孔进入陶坛内，形成"微氧循环"。在自然存放过程中，因陶坛独特的"微氧"环境和坛内酒体的"呼吸作用"，使得对人体刺激较大的低沸点硫化物和醛类物质等进一步挥发，从而让酒体变得醇厚丰满。同时，随着时间的推移，陶坛中富含的铁、铜、钙等多种对人体有益的微量元素，会慢慢溶解到酒体中，乙醛缩合形成清香、带甜味的乙缩醛，让酒体的辛辣味慢慢减少，口感逐渐变得绵柔，香味愈来愈浓烈。在酿酒工艺中，这一过程被称为"老熟陈化"。

最后，在具体贮存操作中，要在食品级油纸中夹一层皮纸进行密封，用麻绳拴好后，多余的油纸需要卷边裹紧。陶坛之间摆放的距离也很有讲究，每个陶坛间隔 10 厘米左右，每一行陶坛的间隔约为 1.2 米，这既能保证每个陶坛之间不会相互影响，又能达到消防安全的要求。另外，保证酒库空气清新也非常重要。陶坛会不断吸收周围的空气，如果酒库中有异杂味或者扬尘太多，酒体的味道就会受到影响，慢慢发生变化。因此，酒库的工作人员会定期抽查空气质量，保证酒库通风良好、环境整洁，以保证酒体质量。酒库中的陶坛乍看其貌不扬，可一旦揭开盖子，香气顿时弥漫开来，香气四溢。

对贮存的坚守，让习酒的品质得到保证，也让其收获了一大笔老酒财富。

在原来的酱香白酒生产中，习酒缺少了盘勾这一道工序。早年时任习酒副厂长的谭智勇等多次到茅台酒厂参观、交流，终于抓住了这一工艺改进的细节，于是对工艺进行了完善。在谭智勇的参观记录中，甚至还提到了"老茅台"李兴发，说他拥有一手勾兑绝技，被称为"勾兑大王"。以此，习酒经过长期积淀，也摸索出一套完备的酱香白酒酿造技术。

习酒诞生以来，历代习酒人深知酒体丰富的原理。几十年来，习酒把每年产酒量的 10% ～ 20% 预留出来，贮存在库房里，这样慢慢延续下来，老酒存量充足。工作人员会定期检测老酒的变化，使其质量趋于稳定。即使在 20 世纪 90 年代车间生产一度停摆的艰难处境下，习酒仍遵守严密、规范的老酒管理体系，坚持每年贮存一部分老酒，并对酒体感官、乙酸乙酯、总脂等指标进行详细记载。习酒人十分珍视老酒，看守酒库的员工就像珍爱自己的生命一样爱护老酒。在他们心里，库房里的老酒是习酒质量的"生命体征"。

丰富的高质量老酒储备，带给习酒强大的品质自信，因此有"习酒的生产不是根据市场需求的淡旺季来设计的，而是按照酿酒规律潜心酿造的"的底气。如今，即使酱香白酒热潮强势来袭，各大企业争相抢占市场份额，习酒依然坚守君子品格，忠于谦和本心，秉承"贮足老酒，不卖新酒"的质量铁律。

有了经年累月间积累的底蕴，每一滴习酒都是时间的窖藏，历久弥香，见证着习酒人尊崇自然、坚守本心的历程。

匠人匠心：工匠当以极致之工

　　时间更迭，岁月如歌。从一粒高粱到醇香的白酒，要经历繁复的工序。以前，没有设备仪器的习酒前辈们用眼睛作为尺子衡量酿造的精度。今天，温度、湿度、速度，任何一项可以量化的指标，都被精确到小数点后三位，因为一个小数点位置的移动，都会对酒的风味产生巨大影响。习酒一脉相承的极致，让员工专注于酿酒技艺，数十年如一日地钻研学习，努力展现自己的极致之工。

　　习酒工匠是平凡的，他们在平凡的岗位上从事着不平凡的工作。在一开始，习酒人的基因里就有着做任何事都绝非一日之功，而是需要天天干，一直干，长久地干的信念。习酒一直在干一件事——做好酒，办好企业。"坚守"二字落笔轻捷，若想付诸实践却重于泰山。

　　习酒工匠的坚持，最能体现在一瓶酒中。上甑是制酒中被公认的最难环节。在外界看来，上甑的过程不过是弯腰将糟醅从晾堂铲至甑桶，酿酒师的所有动作一气呵成，看起来毫不费力。但实际操作中，上甑绝非这么简单，"粗中有细"是对它最好的概括。粗是指力气大，这是上甑工最基本的要求；细是指心细手巧，这是蒸出好酒的必要条件。在上甑时，更有"见气压醅"和"轻、松、薄、准、匀、平"的操作要求。所谓"见气压醅"，是指在蒸气冒出醅面的时候，及时用酒醅压住气孔，根据来气快慢，控制上甑速度；而"轻、松、薄、准、匀、平"，具体来说是指压醅要轻，酒醅要松散，覆盖要薄，见气压醅要准，覆盖面要均匀，甑内酒醅表面要平整。全过程需要掌握的技巧较多，对上甑员的技术要求也很高，没有三五年时间的磨砺，难以胜任这项工作。

习酒有很多优秀的上甑员，其中制酒二车间从打杂工作做起来的王长顺就是其中之一。

2010 年，王长顺进入习酒公司，在甑旁的晾堂干起了打杂的工作。每日看着身旁上甑的老师傅，他也很想试手。半年时间的耳濡目染，让他终于有机会亲自尝试。当时他的甑子出酒率不高，烤出来的酒味还有点燥辣。没有捷径可言，王长顺只能多学多看多练。除了跟着自己班上的老师傅学习技巧，他还找机会去其他班组"偷师学艺"。发力大小、摊醅方向、控气技巧，有问题他就问，听不懂就记。一步一个脚印，终于练就了梦寐以求的高超上甑技艺。

制曲环节，除了踩曲，安曲也是一个需要坚守的细致活儿。习酒对安曲有着明确的工艺标准：墙面、底部、顶部和最后一行的曲坯以侧立顺行的方式堆放，中间按"横三竖三"的方式交错侧立堆放。

看似轻描淡写，在执行过程中却需格外谨慎。没有晾干的曲坯，一块的重量近 20 斤，层层叠加得有 6 层之多，3 个人一天有 1000 多块的任务量，这对体力就是一个严峻的考验。层与层之间叫层草，曲子跟曲子的中间叫卡草，位置不同，名字不同，新草、陈草配比不同，功能也不尽相同。对于安曲的人来说，这些内容都要了然于心、应用于手。

包装线上，包装材料检验入库员汪进金口中复述着一串数字："27.75、19.12、5.76、25.51、17.68……"这些数字背后，代表着瓶子的齿外径、瓶口高度、锁口高度、满口容量等 11 项内容，他正在进行玻璃酒瓶检验登记，并仔细查看包装材料的尺寸是否符合要求，保证包装材料检查数据可追溯。

包装材料抽样检查是汪进金每天都必须重复无数次的工作，虽然没有什么技巧而言，但特别锻炼人的耐性，做这项工作的人需要沉下心、有耐心，细致地发现问题、反馈问题。有 10 年包装材料检验入库经验的汪进金，对瓶子、盒子、箱子、手提袋、飘带等每一个标准数据都烂熟于心。

除了包装材料，整条包装车间流水线最引人注目的，是传送带旁一前一后不停摇晃酒瓶的人。这是习酒出厂前最后一道检验环节。将酒瓶翻转倒置，既可以检查瓶内是否存有杂质、残渣，又能对酒瓶的密封情况进行把关。两人一组，分工明确，前面的人在线上翻转酒瓶，后面的人同步紧盯异样，两小时一换。看、摇、翻转，都是一些简单的动作，谁都会做，但如果要保持这个动作两个小时，检查从流水线上接踵而至的每瓶白酒，其实非常考验人的耐性与毅力。

从坚守酿酒法则到严控原料品质，从确立现代质量管理制度到建立科学研究体系，从传承工艺到科技创新，从产品质量到服务质量，习酒工匠把对质量的坚守刻进骨子里，融进血液里，心无旁骛地将每一个质量细节做到极致，用实际行动践行"质量就是生命"的原则。

正是一道道严卡的工艺，不差分毫、精益求精的态度，造就了习酒精致美观、典雅天成的包装，从中传达出习酒人满满的匠心和细节。秉承工匠精神，专注自身工作，习酒人以严谨细致的态度，潜心做产品，将产品做到极致。每一个坚守岗位的平凡习酒人，都是习酒的工匠。

大局为本：工序之间利他协作

群山之间，赤水之畔，时间加上汗水，简朴顺时的酿造工艺，遵守高标准、严要求，每道工序操作到位，就能酿出品质优良的酱香白酒。

因此，经过历代积淀后，在习酒的生产规程中，"高标准严要求，人人都是质检员"的理念早已深入人心。每个习酒人都将守护质量放在首位，并以此为使命。

习酒的生产过程可以看作把每一道工序上的"节"连接起来，相互协作、相互配合。好酒的产生是团队的硕果，而不是个人英雄主义，只有每道工序操作合格，才能保证产品质量。相反，上道工序的质量如果存在缺陷，将蔓延到下道工序并不断扩大，最终会影响产品的整体质量。

为保证品质，习酒在多年积累中形成了上道工序为下道工序负责的生产习惯，诞生了君子利他的精神。即在习酒的生产链条上，每个习酒人都不会只看自己眼前的工序，而是会多往后看，为后面的生产工序考虑。例如，一块曲药的质量不仅会对之后的拆曲、安曲环节产生影响，还会对酒质产生影响，从而影响消费者的饮用体验。多米诺骨牌效应带来的质量问题难以预测，甚至有可能无法补救。因此在制曲工序中，每个制曲工都会做到自检、互检，以达到习酒酿造的基本要求。

在预防曲块长霉菌的问题时，上道工序服务下道工序亦能发挥重要作用。因为霉菌一般会出现在稻草上，所以踩曲前需要把长有霉菌的稻草筛出去，防止霉菌混入曲块里，以满足下道工序的质量要求。之后，在投料生产前，车间员工会对小麦的含水比例、松紧度进行检测，防止没达到标准的原料进入发酵环节，引发曲块松散等问题。这既是执行本环节的质量要求，也是对上道工序的检测。

在包装车间，上道工序监督下道工序也是严格遵守的准则。虽然包装的任何一个环节，看似和酒的质量没有直接关系，但是，一旦在包装材料和程序上出问题，让有质量问题的包装盒子出厂，会直接影响市场销售和品牌形象。因此，包装车间直接面向消费者，被视为最后一道质量把关之处。经过几十年的技术探索，虽然习酒包装车间的自动化程度较高，且早已从以前的猪尿包装酒进化到了流水化作业，但其中还是少不了人工作业。

包装的操作流程被划分为洗瓶、灌装、压盖、贴标（系飘带）、喷码、装盒装箱、堆码入库等 7 道工序 31 个操作环节，且这些环节环环紧扣。其中，洗瓶、贴标等都需要人工操作完成。例如，洗瓶是指把瓶身倒立，防止多余的杂质残留在瓶里。这个看似简单的操作其实非常重要，一旦出现纰漏，就会导致灌装白酒浑浊，产生沉淀物。如果在下道工序才发现问题、解决问题，就会造成流程"堵点"。更严重的是，如果没有及时发现问题，产品上市后就失去了补救的机会。因此，工作人员每时每刻都要保持绝对专注，防止质量问题发生。

生产部门之外，习酒的管理部门和各职能部门也与酿酒息息相关。比如，粮食进厂有质量标准，供应部门、评审部门都会严格把关。此外，习酒职工食堂的食品安全、办公室的办公设备等，都涉及质量问题，而习酒的原则是既要考虑实用性、使用功能，又要考虑性价比，力争做到花最少的钱办最好的事。

因为环环相扣，习酒的每个员工都明白，每道生产工序、各个职能部门之间都有相应的职责，并且要对不同的质量范围、不同的工艺特点、不同的参数数值进行严格把关。与此同时，习酒还建立了可靠的质量管理流程和人人都是质量官的检测机制，确保每道工序的质量合格，生产出满足消费者需求的好酒。

君子以德，而真正的君子首先考虑利他、利大局。习酒人在自己的岗位上做决策时，都会考虑利他人，利部门协同，利酿造本身。习酒人顺天法地，顺应自然，在自己的细微功夫中真正践行着君子的精神。

第 三 章

生态开放

敬商·行商谦让

习酒历来有君子之姿，怀敬商之道。诚信、务实、谦虚、勤劳、创新、知行合一，是习酒参与商业竞争的基本准则。

　　正所谓：君子爱财，取之有道。习酒一直致力于构建和谐、团结、共生的商业环境，遵守着君子之道的行事准则。

　　宏观而言，习酒敬商，尊重的是商业规律、市场变化，这是习酒立足市场的关键；微观而论，习酒敬商是在发展历程中沉淀的"爱商、亲商、安商、扶商、富商"这种独特情商文化。习酒以情商文化为桥梁，从供应商到经销商之间都礼行谦让之道，维持着上下游产业链的和谐共生。

习酒的崇商之道，是顺天法地、崇尚自然之后人与人的共荣共生、和谐相处。敬商背后是习酒开放的观念，也是习酒敬畏天地、崇尚自然的底层逻辑。酿酒之本在于生态及自然，习酒自古以来便有着明确的生态观。正所谓"天地与我并生，万物与我为一"，秉承如此理念，习酒始终追求的是从社会责任到自然生态的和谐、平衡。

第一节
文化：君子之品蕴习酒

文化提炼：君品文化正式提出

2010年是习酒发展史上一个标志性的年份。

这一年，习酒年销售额突破10亿元，并推出习酒·窖藏1988全新大单品。在"硬实力"迈上新台阶的同时，习酒文化"软实力"也站在了新的起点。2010年，习酒正式提出君品文化，建立"崇道、务本、敬商、爱人"的核心价值观。

这些举措背后离不开一位关键人物——2010年习酒新上任的董事长张德芹。张德芹曾任茅台集团总经理助理，成长于茅台酿酒车间，深谙酿酒工艺，到习酒时，年仅37岁。

调任习酒之初，他花了两个月时间了解习酒的经营现状，但当时习酒的销售并不乐观。2010 年 5 月，习酒仅完成 2.7 亿元销售额，离当年的目标销售额 10 亿元差了一大截。

为了让习酒驶入快车道，张德芹采取了一系列改革主张，在一定程度上缩小了习酒与其他名酒企的差距，加快了习酒走出贵州，走向全国的步伐。

在张德芹心中，要真正建立起强大的市场影响力，必须有坚定的品牌文化内核，否则，产品影响力会如无源之水，导致习酒的定位不准、传播力不强、消费者认知不清晰。

于是，2010 年，在张德芹的带领下，习酒开始思考并提炼习酒文化。此时，习酒已经走过 58 个年头，习酒的历史、人文、乡情文化不断在张德芹的脑海里闪烁。作为出生在贵州省仁怀县的张德芹来说，再也没有人比他更熟悉脚下的土地。张德芹坚定认为，最能表达习酒的文化应该源自内部，且能够作为习酒人的言行标尺，同时又能对外部产生推动力量。

当时大家反复商讨，经过这么多年的历史积淀，什么最能代表习酒体现出来的文化底蕴与品格？

一个契机，让君品文化应运而生。

2010 年的一天，新任掌门人张德芹调研习酒向阳产区时，天公不作美下起了暴雨。张德芹一路调研，在一个角落里，发现了一位老员工正顶着大雨清理边沟。雨声嘈杂，世界喧闹，独他身边一片清净。这一幕深深地留在了张德芹的脑海里。

自从调任习酒后，张德芹就一直扎根基层走访调研，寻找习酒的内核。这个雨天劳作的习酒人，使张德芹突然生发出一种君子卓然独立之感。连日来，张德芹在习酒所遇的人和事，骤然由点连成一条线。他从向阳产区赶回总部后，便紧急召开了一个高层会议。

张德芹的脑海里闪现：建厂 58 年来，习酒几次沉浮，品质却始终如一；习酒人几起几落，却依旧坚守初心、奋斗不息，如天宇一样远行不息，如大地一样丰厚和润，不求索取，只有付出。习酒人"爱我习酒，苦乐与共"的精神，也让张德芹想到了忠贞、坚实的君子品格。

就此，习酒找到了君品文化的内核。在梳理君品文化的基本脉络后，建立"崇道、务本、敬商、爱人"的核心价值观。习酒人追求的是不近利、不浮躁、不冒进、不跟风，始终以求真务实的态度，自强不息的拼搏精神，认认真真做事，踏踏实实做人。

君品文化的主体思想是"自强不息、厚德载物"，核心道德为利己、利人的"仁"。在此基础上，习酒以"恭、宽、信、敏、惠"为五品，不断完善君品文化体系，最终形成了六大要义。

就君品文化诞生的这一过程而言，它似乎生发于一个突发性的灵感。但实际上，君品文化源自习酒的发展历程，是精神意志的体现，也是习酒对产品、管理、市场所秉持的态度与行为准则。

从发展历程来看，习酒起起伏伏几十年，最大的精神支柱就是自强不息、厚德载物。习酒经历风雨无数，坎坷常有，但无论是在怎样的境况下，习酒始终以独立的精神立世，坚定自我，追逐理想。无论是邹定谦选址兴办酒厂，曾前德三人重建酒厂，还是 20 世纪 90 年代习酒人穿越低谷，习酒都展现出一种自强不息、蓬勃昂扬的奋进精神。

从二郎滩静寂无声、黄金坪内生酒香，到习水大曲风靡全国、习酒一瓶难求。没有自强不息、厚德载物的精神，习酒无法在赤水河谷创造生于崖壁的奇迹。而习酒总有这么一群人，他们是企业发展的脊梁，既有冲锋陷阵的精神，又有锲而不舍、驰而不息的决心。如同君子，无论处于低谷经历挫折还是处于巅峰取得成就，都始终保持谦逊、豁达之心。面对命运的波澜起伏，不管是惊涛骇浪，还是深谷奇峰，习酒永远默默吸纳，如赤水河一般，容纳众多河流并不断壮大自我。

习酒始终奉行并实践君子的核心道德"仁"。仁是一种极崇高而又切实的生活理想，其本旨是"己欲立而立人，己欲达而达人"。围绕"仁"这一品质，习酒将其分别阐释为不同角色的君子形象：作为酿酒人，应当秉承君子之风，仁义包容、诚实做人、踏实做事，为顾客提供品质卓越的产品；作为企业，应当固守君子操守，传承中国文化，承担社会责任；作为卖酒人，应有君子之德，公平、诚信，不弄虚作假；作为饮酒人，应有君子之好，倡导健康饮酒、文明饮酒；作为商业伙伴，应有君子之为，信守承诺，造福诚信社会……

基于自强不息、厚德载物的精神，习酒衍生出百折不屈、不服输、拼搏、吃苦耐劳、敬业勤劳、认真务实、淳朴等品质。精神是一种力量，习酒是从大山深处而来的，正是有了这些宝贵的精神品质，才造就了今天的习酒。

超级单品：习酒·窖藏1988横空出世

梳理君品文化之后，张德芹董事长对习酒的产品谱系也进行了深入的思考。

自1999年起，习酒在贵州市场采用了"撒豆成兵式"的品牌布局，相继推出一系列产品及近20多个茅台特许经营品牌。依靠多品牌策略，习酒在市场上有所发展，但其弊端也日益凸显。品牌杂乱导致消费者对品牌记忆不深，低端特许品牌又会拉低品牌形象，遂导致生产资源分散，管理和价格体系混乱。

面对这种情况，习酒必须做出改变。

在张德芹的带领下，习酒确立了未来以酱香型白酒为主的发展道路。2010 年，从整个行业发展背景来看，市场还处于浓香型白酒主导时期，张德芹这一决定遭到部分人反对。经过一番讨论后，习酒研判大势，坚持将重心转移到酱香型白酒。紧接着，习酒便计划在两年内实现一万吨酱香型白酒产能的扩充计划，储备大量酱香型白酒基酒，为长远规划打好基础。

之所以如此布局，源于张德芹对产业趋势的判断。他认为，酱香型白酒的消费群体和消费结构已悄然升级，高端酱香型白酒将来会成为白酒市场的新蓝海。而当时习酒主要产品，包括五星习酒、银质习酒、金质习酒等几大系列，均价都在 300 元以下，不管是浓香型白酒还是酱香型白酒都处于中低端，中高端酱香型白酒市场布局不足。

出于上述策略的考量，再加上张德芹调研的结果，习酒重磅推出高端酱香型白酒新品——"习酒·窖藏 1988"系列。这款日后成为超级大单品的爆品为习酒的腾飞立下了汗马功劳，也为中国高端酱香型白酒画出了分界线。

习酒·窖藏 1988，呼应着习酒历史上最灿烂的时间节点——1988 年，当年习酒实现浓酱并举"双三千"的产量，斩获国家质量奖银质奖，并获"国家优质名酒"称号。

在酒体上，习酒·窖藏 1988 精选 5 年以上的优质基酒、10 年以上的珍贵老酒和 30 年以上的数十种特制调味酒，由经验丰富的勾调专家倾心勾调，最终具有酱香突出、醇厚饱满、细腻柔软、回味悠长、空杯留香持久的特点。

习酒·窖藏1988的产品包装也十分精致，整个酒瓶用黑金或棕金做配色，瓶身为精心设计的经典"鳍部战鼓"瓶型，古朴而又霸气。这一设计灵感源于中国传统鼓文化，寓意习酒对传统文化的传承。瓶身背面浪花造型装饰，融入"習酒"标识，寓有习酒一直以来都在乘风破浪、砥砺前行之意。

在产品售价上，习酒·窖藏1988定价在800元左右，属于中高端价位。对于当时的习酒而言，推出中高端价位产品，是一种"逆势提价"的策略，不仅帮助习酒打破了市场的局限，进军中高端市场，还在一定程度上提升了品牌形象。

习酒·窖藏1988一经发售，习酒便将主要精力聚焦于此。2011年，无论寒冬还是酷暑，习酒销售人员都带着100ml的小酒四处扫楼，只为让消费者真切地感受到习酒·窖藏1988的魅力。功夫不负有心人，在无数次推广宣传中，习酒·窖藏1988消费群体逐渐壮大，市场逐渐被打开。

仅一年的时间，习酒·窖藏1988快速站稳脚跟，在贵州遍地开花，并以5亿元销售额超越其他同期所有产品，成为继习水大曲、老款习酒之后的又一爆款产品。

习酒·窖藏1988上市的同时，习酒也正式吹响向全国市场进军的号角。当时窖藏习酒事业部全程参与并见证了习酒·窖藏 1988 的招商过程。彼时，习酒在全国各地举办产品宣讲会，一年林林总总有一百多场。在这个过程中，宣讲人员的宣讲一场比一场流利、自然。

从 2010 年底到 2012 年，习酒·窖藏 1988 宣讲小队几乎三天转移一次阵地，陆陆续续跑遍了全国。

随着习酒·窖藏 1988 撬动全国市场，习酒的经销商从原来的几百家上升到 1600 多家，习酒·窖藏 1988 也在多地一度出现断货情况。到 2012 年，习酒完成了 30 亿元的销售目标，其中习酒窖藏系列实现销售额 15 亿元，同比增长 292%。

习酒·窖藏 1988 作为习酒的标杆产品，承载着习酒人的情怀和美好憧憬。十几年来，习酒·窖藏 1988 不负众望，在 2020 年创下 58 亿元的销售额，成为百亿习酒的中坚力量。在这个超级大单品的背后，凝结的是每位习酒人的付出与汗水。取得如此优秀的成绩，是习酒·窖藏 1988 的成功，更是每位习酒人的成功。

精神传递：习酒口号永相传

2012 年 12 月 20 日，北京人民大会堂，1300 余人不断地传出一个声音："习酒，一二三，干！"这是习酒人刻骨铭心的日子，这一天，2013 年全国经销商大会在人民大会堂召开，为了庆祝习酒实现销售额

30 亿元的历史性时刻。

"习酒，一二三，干！"成了最有特殊意义的情感表达。实际上，这句话不仅是习酒的口号，更是习酒的精神。

"干"字，既是干杯，又是干事，更有干成之意。这个字是习酒的酒令，也是许多员工的口头禅，亦是习酒 70 多年经营发展的真实写照。不论是从 0 到 1 的创生，还是面对跌宕起伏的命运，习酒一直在干，想尽一切办法干好经营。这种"干"的精神和能力，帮助习酒在关键时刻走出困境，应对风险，更引领习酒迈向新的高度。

"习酒香、赤水长，酒城十里酿琼浆，黄金坪上看大地，阳雀台边建家乡……"这首习酒人广为传唱的《习酒礼赞》，从赤水河畔唱到习酒辉煌，从"崇道、务本、敬商、爱人"的核心价值观唱到酿造未来和腾飞的梦想，讲述了习酒从大山初生到崭露头角，再走向快速、高质量发展轨道的过程。而在这首歌的结尾用到了习酒人再熟悉不过的一句话："为了腾飞，为了梦想，习酒，一二三，干！"就是这样朴实简短的一句歌词，成为习酒内部最鲜明的文化符号之一，并为习酒的群体奋斗之魂埋下一颗强韧的种子。

除了在人民大会堂的举杯庆酒，习酒内部每次欢庆时都会齐声喊道："习酒，一二三，干！"这句酒令出现在各式各样的聚会、宴会活动中。只要有习酒人在的地方，"习酒，一二三，干！"的酒令总是豪气干云，豪情万丈。

习酒酒令是文化的凝练。1998 年，习酒公司营销人员在聚会中觥筹交错，举杯畅饮。为统一步调，有人提议喊出庆酒的号子："一二三，大家一起干！"于是喊出"一二三，干"的口号。这句口号后来加上"习酒"二字，成为"习酒，一二三，干！"习酒独特的酒令由此诞生。

几乎所有习酒人的聚会都将这句酒令作为了必走流程，无论有意还是无意，只要有人领头，所有人员都不约而同地站起来，喊出这句标志性的酒令。久而久之，这句口号成为习酒企业文化的一部分。

今天，习酒赋予"习酒，一二三，干！"更多的意义。

"干"不仅是习酒人在聚会时的口号，更是习酒人干事创业的决心和信心。包装车间的班长王力田谈道："有时候，几个同事一起吃饭，喊一句'习酒，一二三，干！'，这就是最豪爽、最奔放的感受。"习酒人将这句酒令融入聚会，也融入生活。"公司会餐或在外吃饭，只要喊句酒令，我就感到自豪。有时候心情不好或遇到那种不愉快的事，找同事坐在一起，吼一声后，心情就会好很多。"制酒三车间的特级酿造大师罗安学笑称自己是同事会餐时喊酒令的领头者。有很多新来的员工第一次会餐的时候才知道习酒酒令，喊的时候难为情，喊不出口，当他们融入习酒后，在团队聚餐或工作聚餐的时候，不喊反而觉得别扭。

除了酒厂的生产员工，销售公司的员工也将酒令带到了市场。在和经销商联络感情的时候，销售员也向他们推广："习酒，一二三，干！"在自发性的酒令文化中，越来越多的人感受到了习酒的文化魅力。2013 年，习酒销售人员在广西参加活动，聚餐的时候照旧喊起了习酒酒令。隔壁桌的两名外国友人听到酒令后非常好奇，过来询问。一番解释后，他们也跟着喊了起来。

习酒党委宣传部部长李庆利回忆："2015 年，我带着团队去泸州做活动，同行的还有其他酒企的朋友，听到我们这边喊酒令，他们也跟着喊。这就是文化的带动，它能感染人、凝聚人。"在李庆利心中，他相信，习酒酒令带给习酒的不只是宣传，更是精神力量。

实际上，习酒酒令本身就具有工作号子的属性。"干"（gān），同样可以理解为"干"（gàn）。习酒人的普遍特质是执行力特别强，在完成一件事情的时候常常是通力合作。作为一家拥有 1.5 万余名员工的企业，很多团队性的工作在进程中可能会受到阻碍，但习酒人说干就干的信念成为公司从上到下的执行力源泉。

现在，"习酒，一二三，干！"几乎适用任何场景，它已经成为习酒的标志性口号。很多经销商、消费者回访习酒，在餐桌上不一定喝酒，但一定知道"习酒，一二三，干！"这句酒令。在潜移默化的影响下，酒令成为习酒文化体系中最为独特的一道风景，其形成虽然很偶然，却在之后的有意强化中成了影响习酒精神和习酒人行为的要素，发展为企业独有的文化现象。

第二节

敬商：尊商敬业相扶携

危机藏锋：白酒寒冬求转型

2012 年底，习酒正沉浸在 30 亿元销售额的喜悦之中，原以为能在复兴道路上高歌猛进，没想到这时候行业却迎来了急刹车。这一年 12 月，在宏观政策影响下，中国白酒行业进入寒冬。当时，白酒市场疲软，市场需求急剧下降。

数据显示，整个白酒行业在 2013 年第二、三、四季度的库存同比增长率分别为 13.6%、24%、46.5%，加速上升趋势明显。[①] 外部环

---

① 摘自东方财富网的文章《病来如山倒 这个冬天有点冷——2013 年白酒行业发展综述》。

境变化激化内部矛盾，需求下降的结果是产能过剩，高端白酒价格缩水，并因为连锁反应压缩了产品价格空间。

《2014中国酒业报告》显示：1498家规模以上白酒企业，利润比上年同期减少了100.8亿元。白酒行业亏损企业达到117家，比上年同期增加29家，累计亏损13.38亿元，同比大幅增长70.23%。[①]

飓风之下，寸草难生。

2012年，习酒正处于高速成长时期，一名山东片区的销售人员在此时加入了习酒，打算在一个66人的团队中一显身手、大展宏图。然而，2013年过去了，团队没有明显的变化，但产品越来越难卖。过了2014年，整个山东片区的销售团队只剩14人，那一年，整个习酒的销售额萎缩至10亿元左右。

窥一斑而知全豹，销售市场举步维艰，可以看出在寒冬中习酒和其他酒企一样难行。许多销售人员辛辛苦苦奔走一年，销售业绩却不见任何起色。此外，供大于求，酒企溢价能力大不如前。习酒省外市场刚刚建起，许多经销商刚开始接触习酒，他们为了打开市场，要做比往常更多的活动。由于资金有限，有人选择降价抛售，有人选择借贷投资，有人选择稳扎稳打，各种抉择面前，经销商可谓绞尽脑汁，这些都导致习酒价格不稳定，部分产品回流，严重扰乱了市场秩序。

---

① 摘自人民网的文章《2014中国酒业报告：白酒业亏损额涨7成》。

在全国白酒市场变革的大背景下，竞争尤为激烈，习酒难以开拓市场，街边小店甚至对业务人员不屑一顾。当时分管江苏片区的经理王硕每个月都会接到经销商取消合约的消息，市场状况令人担忧。他回忆起最低谷的时候，在习酒举办大会，举牌入场时，自己身后只跟着三个业务员，旗下经销商只剩三家。

市场的波动、外界的质疑、行业的低迷，无一不说明形势之艰难、情况之严峻。但习酒选择坚持，选择收缩羽翼、藏锋守拙，一如20世纪90年代濒临解散却能重生，习酒相信终会守得云开见月明。变局之下学会走出变局，因势利导、因地制宜地寻找新的生机，本就是习酒几十年发展过程中早已驾轻就熟的看家本领。因此，身处行业凛冬中的习酒，收束、蓄力、铺网、造势，驾轻就熟地摆上一盘静待时机的棋。一面是静若处子，积蓄力量；另一面又是动若脱兔，深度转型。

打铁还需自身硬。习酒转型的第一步，是从生产技术提升和质量保障方面率先进行改革。

2013年，习酒正处于企业"十二五"技改工程期间。一方面，习酒先从内部管理制度入手，定时召开质量例会，先抓质量生产，招收技术骨干，为提升酿酒质量进行人才补充；另一方面，加大科技研发和质检力度，着力组建检测实验室，为科技酿造加码。2014年，习酒还完成了习酒地理标志保护产品的申报工作，并正式获准国家地理标志保护产品。

此外，行业寒冬期间，习酒坚持产品不降价，转危为机，塑造习酒品牌价值。

2015 年，随着白酒行业的回暖，习酒迎来新的生机，其坚持的守价战略取得了初步成功。在深度调整期，除了坚持，更多的是行动，主动将危机转为机遇。从这一年起，习酒销售额开始出现回升态势，经过阵痛和磨砺的习酒，积蓄了向上攀登的力量，静待重登另一个高峰。

风雨同舟：携手经销商渡难关

尊商、敬商理念，体现着习酒将经销商视为兄弟，与经销商风雨同舟、共生共荣的态度。习酒这种敬商扶商、与经销商相亲相爱的精神，在 2012 年底白酒行业寒冬时体现得尤为明显。

寒冬时期，白酒终端市场的萎靡导致经销商出现压货情况，大量经销商无力承受。危局之下，习酒直面问题，在低谷期仍然努力开发终端客户，尽可能为经销商创造更好的生存环境。

当时，习酒把主要的销售任务从售卖新酒转移至帮经销商清理库存。

2015 年，习酒为帮经销商清理库存，重点推出营销责任制。这一制度以定向、定标、定点、定量、定责为特点，每个片区管理人员直接负责片区任务目标、费用投入、团队管理，最终结果直接决定该片区的奖惩。比如费用投入每超出 1%，就要扣相应责任人 10% 的绩效。有了明确的制度规范，片区人员在费用投入时更加谨慎，在市场低谷期节约成本，实现了利润最大化。

同时，合理规划市场目标。在市场寒冬过后，经销商的积压库存直接影响销售工作，于是，习酒在对市场进行充分调研后，根据地区过往表现及当地市场现状，设定一个相对容易完成的目标。对于片区人员来说，新目标不仅让他们有信心完成，从罚到奖的转变也能更好地激励他们投入工作。2015 年，习酒将销售目标设定为 15 亿元，虽然只是与 2011 年的销售水平相当，但这是根据实际现状调整的有效目标。在明确合理的目标激励下，习酒在 2015 年不仅消化了大多数经销商原有的库存，还以 16.8 亿元的销售额超出预期。

为开拓市场，习酒还以传统的赠酒营销策略来应对行业深度调整期的挑战。当时，习酒销售人员每日早出晚归，虽然辛苦但生活异常充实。每天傍晚时分，他们就带着经销团队，到各个餐馆里免费赠送样酒。在遵义市场，销售团队 3 个月内走遍了遵义的每一条美食街，见了很多在餐馆用餐的客户。那是一个个令人感动的画面：黄昏下，夜色中，总有一群人背着沉甸甸的习酒产品，穿梭在城市的大街小巷。随着赠酒策略的落地，习酒"喜万家"面世不过短短半年时间，在遵义市场的销售额就达到 100 万元，成为当时贵州省内销量最好的市场。

与此同时，经销商成为习酒重要的外部复兴力量，对习酒复兴与发展起到关键的作用。2013 年，河南华磊实业集团有限公司（曾用名：河南华磊实业有限公司）开始接手习酒郑州市场。当时市场正处于寒冬，但这家经销商却顶着压力，承担起习酒布局一个省会城市市场的重任。当时，河南华磊实业集团有限公司与习酒驻扎当地的销售专员一起，开拓产品的销售渠道。功夫不负有心人，在经历长达 4 年的耕耘后，2017 年，这支经销商队伍一举扭转颓势，将其所在的省会城市做成习酒全国销量冠军，打造出了一个厂商合作共赢的样板。

时至今日，回顾当年习酒与经销商携手相伴、共渡难关，堪称行业之典范。正是因为危急之时，习酒与经销商相携相伴、共同进退，方有今天经销商与习酒荣辱与共、同心同德、一路长歌。

进军全国：建设大市场、服务大客户

2012 年，时隔 23 年之后，在中央广播电视总台广告黄金时段，再次出现了习酒的身影。短短 15 秒，镜头聚焦在习酒•窖藏 1988 瓶身之上，仅有的"岁月窖藏陈酿，凝练经典酱香"两句台词，将习酒的全新面貌展现在消费者眼前。这是 23 年后，习酒再登央视。这意味着习酒全国化布局战役再度打响。

2013 年 7 月，贵州省遵义市习水县习酒销售公司更名为贵州习酒销售有限责任公司，公司管理机构分为三个事业部，遍及全国省、自治区、直辖市，共 26 个市场片区，为全国化扩张提供了组织保障。同年，习酒调整营销战略，以贵州为起点，贯通广西、广东、福建、浙江、江苏、山东、河南、河北，最终直抵北京，打造一条以习酒为消费核心的全国市场环境通道，形成习酒大品牌、建设大市场、服务大客户的市场格局。

2015 年，白酒行业逐渐回暖，经过充分战略准备，习酒将资源向省外倾斜，并坚持"布局全国，重点突破"的原则，在全国市场中率先攻克河南、山东、广东等重点区域，为向全国进军插旗。

河南因为人口众多、市场广阔、地产酒势力薄弱等原因，历来是酒家必争之地。在白酒行业，素有"问鼎中原，则雄霸天下"的说法。酒企在从区域品牌向全国品牌转型的道路上，河南是必经之站。习酒要完成从区域走向全国的转型蜕变，站稳河南市场，十分关键。

从 2015 年开始，基于之前连续多年的市场耕耘及消费群体优势，习酒大举进军河南，力图问鼎中原。当年，习酒一举超过年初制定的 4000 万元销售目标，迅速占领了河南市场。行业寒冬还未完全退去时，能在群雄必争的河南取得这样的成绩，可谓瞩目。

在内部会议中，习酒讨论认为这是顺势而为的结果。寒冬之中，以茅台为代表的酱香酒销量快速增长，习酒乘势而上。这是市场选择的结果，也是习酒坚守规律、坚定发展的成就。

2016 年，行业回暖，市场复苏。中国白酒顺利熬过寒冬，迎来春天。习酒市场部的电话开始繁忙起来，经销商络绎不绝地打来电话寻求合作。

行船乘风顺，打铁趁火红。习酒加快省外市场的战略规划步伐，从区域走向全国是习酒发展的需要，亦是习酒成长的必由之路。习酒渴望从一个区域强势品牌转型为全国知名品牌。

下定决心后，习酒开始扩充战略布局。从规模化发展来说，市场策略需要进一步延伸。因此，在"1+3"（贵州+广东、山东、河南）市场布局的基础上，习酒又将福建、浙江、江苏三个市场加入原本的规划中，作为第二梯队重点市场，形成"1+3+3"的战略布局。期间，习酒·窖藏 1988 成为习酒出击全国、协助"1+3+3"战略转型的制胜大单品之一。

进行"1+3+3"战略布局的同时，借市场的回升，习酒尝试进一步开发之前发展不如预期的几处市场，如海南市场。一直以来，海南本地酒类经销商抱团取暖，很难容纳外地酒。

针对这一问题，习酒规划打造了"核心联盟商"体系。在传统的渠道模式中，由于企业和经销商之间、经销商和经销商之间是不同的利益体，势必会产生各种矛盾，造成渠道系统运行不畅。而核心经销商联盟是一种联合运营体系，它将本土区域的经销商聚集起来，依托品牌，协助经销商发展下游联盟商和分销商，壮大销售网络。这不仅解决了各种矛盾，增强了渠道活力，还帮助习酒充分掌控渠道，实现共赢目的。海南市场的抱团特征明显，本地商户倾向于合作分销。利用这一特点，经销商联盟发挥前所未有的优势，集中优势资源，统合各个渠道及网点，形成海南区域市场的"大商联盟体系"。

核心联盟商为习酒海南市场带来了突出效果。2015 年，习酒在海南市场只有 200 多万元的销售额，2016 年提升至 900 多万元，2017 年翻倍至 2000 多万元。其中，核心联盟商所占比例超过一半，打造核心联盟商的策略也推广至其他市场，以确保年度销售任务稳步达标。

一路高歌下，省外市场节节高升。2015 年，山东三个地级市一年的销售额是 50 万元，到 2016 年，这三个地级市销售额突升至 300 多万元，到了 2017 年达到 1200 多万元，2018 年彻底引爆，实现井喷式增长，销售额达 9800 多万元。

省外市场整体获得了前所未有的成功。2018 年，习酒的省外销售额首次超过省内，全国市场销售额累计实现 56 亿元，其中河南市场销售额约 7.21 亿元。之后，逐年翻倍的情况屡见不鲜，全国市场捷报频频、全面开花，习酒全国化市场布局的效果初现端倪。

塔尖战略：品牌瘦身立形象

2018 年，习酒加快产品结构调整，提出产品瘦身、提价、规范、增效四项策略，其中第一个就是产品瘦身。在品牌体系建设上，习酒走出一条从简到繁，再到精细化的道路。

20 世纪 80 年代，受产能与市场的双重影响，习酒旗下只有两款主打产品，分别是浓香习水大曲和酱香习酒。依靠品质，这两款拳头产品在全国市场收获了喜人的知名度与美誉度。

20 世纪 90 年代中期，受国内外经济形势的影响，中国白酒市场开始萎缩，缺乏品牌竞争力的酒企陷入发展桎梏，行业迎来大洗牌。在 1998 年经济回暖后，多数酒企为了恢复元气、抢占市场，实施了一系列的品牌创新举措。例如，五粮液为解决市场供不应求问题，选择 OEM 品牌战略，迅速扩大市场占有率。同时期，泸州老窖也提出多品牌战略，增加品牌体系数量，扩大产品涉猎范围。即在某一款产品在目标市场上占据一定份额之后，其他产品立刻蜂拥而至，抢占同一区域市场。此举让泸州老窖在全国市场中亦占有一席之地。

而将多品牌战略演绎得更加淋漓尽致的是郎酒。早在 1989 年，郎酒就提出"一树三花"的品牌构想，实施酱香、浓香、兼香三香并举，在每种香型下根据价位、地域分设不同品牌体系。高端兼香、平价酱香，郎酒繁多的子品牌在当时的白酒市场激起了不小的水花，郎酒的销售额也在此过程中实现跃升。

除了这些全国知名酒企，洋河、稻花香、白云边等地方酒企，也利用多品牌、全覆盖的战术，在低端、中端、高端三个价格带掌控地方市场。时势造就英雄，在当时的市场经济环境下，无论是五粮液的 OEM 模式，还是泸州老窖、郎酒的"群狼战术"，又或是地方酒企的全品类覆盖，都可以看出，在当时的中国白酒市场中，多品牌、多产品的发展方向是行业的主流，在市场萎靡时代，酒企凭借丰富的产品体系，迅速开枝散叶。

潮流之下，习酒陆续推出了茅台液、小豹子、东方之子、知交酒等近 20 多个特许经营品牌，销量占习酒全线产品的 60%，销售额也一度逼近 40%。

依靠多品牌战略，习酒在市场上得到长足发展，但其弊端也日益凸显。首先，品牌杂乱让消费者对习酒的印象开始模糊起来，无法形成品牌记忆。其次，品牌过多不仅会争抢生产资源，还会造成管理混乱的现象，更会导致价格体系不健全，破坏正常的生产经营活动，出现产品夭折、经销商恶性竞争等不良状况。基于此，习酒必须做出改变，这是品牌瘦身意识第一次浮现。

随着白酒行业深度转型的完成，全新的消费环境和消费需求，让白酒行业的重心转移到了普通消费者。对于此类消费群体，单一产品的塑造绝对优于系列产品的营销。习酒高层经过认真调研、分析，初步计划将 22 个品牌 320 款产品缩减至 10 个品牌 66 款产品。为重新塑造品牌形象，习酒甚至放弃浓香型白酒的"习酒"商标使用权，让原本的五星习酒、三星习酒这些浓香型白酒均被划分到"习水"产品系列旗下。如今，讲到习酒，一定是指习酒旗下的高端酱香型白酒。同时，对于特许产品，习酒也提出了收缩产品线的严苛要求，不仅不再接受新的特许申请，还将每年 1000 万元的销售任务标准上升至每年 3000 万元，任何不达标的品牌一律给予清退。

2010 年，习酒开始对特许产品提出限制，并一次性砍去 4 个不符合规定的特许产品。此后，特许经营的要求不断提高，已存在的特许产品逐年递减。2013 年，习酒与年销售额达 7000 万元的茅台液解除经营合同，至此茅台液正式退出习酒体系。

除此之外，习酒还将"习酱系列""浓香系列""纪元小坛酒系列""喜万家系列""封坛系列""醇雅系列"砍去，只留下"金质系列"和"窖藏系列"两个重点系列。行至于此，习酒已完成品牌的初步梳理，极大程度地解决了消费者对习酒品牌认识模糊的问题。

刘兴禄是一名退伍军人，2006 年加盟习酒，从事特许品牌运营工作。早期，他的手中一度掌握高达 30 多个产品条码，创造了包括"经典玉液""经典品位""经典传奇"等 60 多款产品。作为习酒旗下优秀的品牌运营商，刘兴禄紧随习酒产品瘦身战略，大刀阔斧地削减产品线。时至今日，他运营的特许品牌不足 10 个，单个产品的竞争力得到增强。

通过品牌瘦身战略优化产品结构，习酒的产品竞争力持续提高。因为砍掉众多同质化、贡献度较低的产品，推广运营能够更加有的放矢，习酒的品牌形象亦得到极大提升。伴随持续的产品结构调整，习酒塑造了以习酒·窖藏 1988 为代表的大单品轮廓。

布局高端：君品习酒再扬名

随着品牌瘦身战略的深入，习酒经营效益与日俱增，规模和知名度也逐渐上升。2018 年，在习酒成长 30 多年的钟方达接任新一任掌门人，出任贵州茅台酒厂（集团）习酒有限责任公司党委书记、董事长。2019 年，继习酒·窖藏 1988 之后，习酒又一核心大单品——君品习酒问世，并一举成为习酒角逐高端市场、突破百亿销售额的品牌黑马。

2019 年，白酒市场正处于消费升级和酱香热的大环境中，但市面上 1000 元以上的酱香酒并不多，高端酱香酒仍存在较大的市场缺口。在对白酒市场进行深入分析后，习酒内部开始讨论是否推出高端酱香产品。

针对这一战略，习酒出现两种不同声音，部分人持反对意见，他们认为，习酒·窖藏 1988 如今形势大好，没有必要推出更高端的君品习酒，并且君品习酒过于超前，未必利于习酒的未来发展；另外一部分人持赞成态度，他们认为，虽然习酒·窖藏 1988 备受认可，但其定位始终是中高端产品，并且时间已过去 9 年，时代在变，市场也在变，习酒·窖藏 1988 无法完全满足当下的高端消费需求。如果习酒只顾中高端市场，一味"吃老本"而不做任何调整，那么，进军高端市场必然失去先机，习酒就注定只是一个中高端品牌。经过多方激烈讨论，习酒最终还是决定：推出高端产品，进军高端市场。

不过，现实问题摆在眼前。此前习酒并未进入高端市场，想要打造高端产品，必须提前布局、尽早占位。

习酒召集全体勾调大师、品酒大师、制酒大师、制曲大师共同讨论，目标只有一个：向君品习酒发起冲锋，务必向贵州茅台酒靠拢，又要有别于贵州茅台酒，形成独特的习酒风格。2019 年初，习酒开始着手高端产品君品习酒的研发。首先是酒质的研发升级，在烦琐的勾调工艺下诞生的君品习酒具有更加丰富的口感体验。七个轮次的酒就好比七个音符，通过不断排列组合，使各个轮次的酒充分发挥其特点，从而形成一杯美酒。勾调艺术促使君品习酒形成集蜜香、酱香、焦香、青草香、薄荷香等香味于一体的独特复合香味，在香气方面表现得特别集中。君品习酒在味道上也更加厚重、细腻，入口酒质干净，回味悠长，后段生津之感源源不断，回甘时间更为长久，待口中回甘完全消失后，是一种清澈致远之感。

在包装上，君品习酒内外兼有，不仅有卓越的品质，同时也兼具独特的设计理念。当看到君品习酒的第一眼，消费者就会被其温润如玉的外形所吸引。从上往下，君品习酒选用了金色圆环瓶盖，瓶盖上旋着箍纹。金镶玉的瓶身更是令人惊艳，透过微光，如玉的瓶身圆润通透。瓶身边缘做了弧度处理，线条显得流畅优美。弧度的设计让消费者拿在手上就能感受到温润感，玉的质感让君品习酒显得更为包容、和善。瓶身背面的如意纹饰则饱含四季如意的寓意。底座则沿承了经典的习酒底座造型与工艺，保留了一贯的坚实特征，印证着君品习酒的实力与品质。在外包装的选材与造型上，采用透明有机玻璃盒，通透的外观加强了产品内容的展示性，同时提高了整体的品质体验。

这一独特设计灵感来自君品文化。

2019年，段高峰团队接受来自习酒的委托，为一款高端酱香白酒做产品设计。设计初期，新产品的名字并未确定，设计团队只知道其产品定位高于习酒·窖藏1988。基于此，设计团队开始思考，该如何去表达习酒。"当时，我们翻来覆去地看习酒的广告片，包括平面视觉的广告，对'君子之品·东方习酒'这句话的印象非常深。很少有企业用君子形象来定位白酒。"段高峰团队以"君子之品"为设计理念，找到了产品设计的灵魂。

如何用符号承载文化？如何用具体的形象链接文化？这成为这款产品设计需要考虑的问题。设计团队寻找了很多载体，终于发现，最能表现君子形象的载体是玉。"谦谦君子，温润如玉"，君子的品质与玉的品质最为接近，其道德修养与品格像玉一样坚韧，光滑内敛又不张扬。

玉与酒的碰撞，为君品习酒的外形定下基调。中国传统的"金镶玉"带来了设计的灵感，金色的贵重感让玉的光泽更通透，两者相得益彰。

因此，君品习酒的瓶身被设计为由一圈金环包裹着一块玉佩，玉佩中心刻有习酒的 Logo。最初设计时，瓶身外侧的金色特别明亮。习酒的一位领导建议，高端白酒的消费场景偏简单稳重，君品习酒的消费者以 40 岁以上的中年人为主，他们不太喜欢张扬炫目的色彩，所以色调需要更加沉稳。所以瓶身外侧的金色就降低了明亮度。

君品习酒的诞生是习酒、设计团队和供应商群策群力的成果。差异化的外形赢得了消费者的喜爱，无论是宴请饮用，还是收藏保存，君品习酒从内到外都找到了竞争制胜点。内蕴君品于心，外展君品于形。在弧光与螺旋的交错中，君品习酒在波澜中散发光彩，穿越而出，通向未来。

2019 年 7 月 19 日，君品习酒正式上市，习酒成功抢占市场先机，进入高端市场，塑造了高端品牌形象。在这之后，诸多酒企陆续进驻主流高端赛道，更是证明了这一决策的正确性与前瞻性。

一如习酒·窖藏 1988，习酒为推广君品习酒也付出了许多努力。2020 年 1 月，君品事业部成立。出于产品市场定位等多方面考量，君品习酒既没有大街小巷地进行地推，也没有在高速路旁设立广告牌，而是针对特定圈层的消费者设计圈层活动。上市之后，习酒就以"君品·雅宴"为载体举办了五场高端全国巡回品鉴会，迅速在市场中建立了稳固的品牌形象。

1300 年前，杜甫在朝做官，目睹了大唐的由盛至衰，仕不得志，便隐居长安城南的曲江池畔，终日借酒消愁，聊以自慰，留下了"朝回日日典春衣，每日江头尽醉归"的千古名句。1300 年后，"君品·雅宴"落地曲江，携带君品习酒，邀 300 余位君子雅士，流觞曲水，共话风流。这是 2021 年再启航的"君品·雅宴"西安首站，以"君子当以志为先""君子当以仁为本""君子当以礼为源"三个主题篇章，通过视频播放和现场表演，生动地讲述了一粒种子经过端午制曲、重阳下沙，从九次蒸煮到七次取酒，最终酿成君品习酒的全过程，在雅致愉悦的氛围中让消费者沉浸式地感受习酒的君品文化。

在此之前，习酒已连续两年，用 35 场同样档次的"君品·雅宴"在全国范围内招待了万名消费者。以宴为由，提供品牌与消费者面对面交流的机会；以酒为引，在觥筹交错中拉近了消费者与品牌的关系，增强了双方的互动。这一活动为习酒在抓住高端消费者的道路上增添了浓墨重彩的一笔。

2020 年，君品习酒销售额达到 6.5 亿元，经销商数量快速扩充到 146 家。同年，君品习酒一举斩获 2020 年比利时布鲁塞尔国际烈性酒大奖赛大金奖，君品习酒的大单品潜质逐步显露。

纵观习酒的赛道选择，每一条道路都恰到好处。"金钻系列"保证了中端市场的引导能力，"窖藏系列"牢牢稳住中高端地位，"君品系列"突出习酒高端的品牌形象。

尤其在"窖藏系列"和"君品系列"的决策中，大家能够看到习酒抓住机会、敢为人先的魄力，以及在市场战略上的高瞻远瞩。事实证明，正确的赛道选择让习酒的目标更明确、路径更清晰，让习酒在价格定位、营销策略、消费者研究及品牌传播等方面做到有的放矢，在细分市场形成差异化竞争力。习酒的中高端品牌经营战略带领企业走向了新的高度。

跨越发展：百亿习酒圆梦曲

2020 年 12 月 12 日，习酒召开一年一度的全国经销商大会，来自全国各地的经销商约 1200 人。会场上，大家翘首以盼，都在等待一个激动人心的时刻——习酒提前实现既定目标，圆梦百亿！

2010 年，习酒定下"百亿习酒"的目标，这一年其销售额为 10.18 亿元。2012 年，习酒销售额稳步增长至 30 亿元。但是到了 2015 年，受行业调整影响，习酒的销售额仅为 15.56 亿元，再次陷入低谷。从 2016 年开始，习酒开始走向跨越式发展阶段。2016 年，习酒的销售额为 18.97 亿元，2017 年为 31.10 亿元，2018 年为 56.64 亿元，2019 年为 78.32 亿元，以每年 10 亿元以上的量级保持连续增长。到 2020 年，习酒销售额达到 103 亿元。对于中国白酒企业而言，30 亿元、50 亿元是道关卡，100 亿元更是一道大关，习酒步入"百亿酒企"俱乐部，意味着习酒跻身中国白酒第一阵营，成为中国酱香酒第二家百亿巨头。

　　喜讯一出，贵州茅台集团官方媒体就此事发布："2020 年，全体习酒人紧紧围绕'百亿习酒'发展目标，满怀热情，跑出'习酒加速度'、创造'习酒新模式'、书写华丽的'习酒新篇章'。"郎酒集团董事长汪俊林发来贺信说："伟大的时代，赋予我们伟大的使命。"赞美之词溢于言表。但习酒是众望所归，这几十年的发展，让习酒赢得了市场，赢得了尊重。

　　回首来时路，从建厂到 2020 年，68 年悠悠岁月，纵使成绩百亿之巨，但终究源于点点滴滴的日积月累。在百亿荣耀的背后，是在漫漫长路中步履不停的习酒人，是多年来荣辱与共、苦乐相随的习酒经销商。

　　习酒的成长离不开经销商的鼎力支持和共同奋进。习酒对经销商的谦卑和尊敬，也让厂商之间互相认同、以心换心。

　　在销售工作中，宣传品牌、获得认同需要的时间较长。习酒每年在建立品牌认知和价值认同上都投入大量资源。通过各类活动，习酒与市场建立联系，让更多的经销商了解习酒。在市场拓展过程中，如何让经销商赚钱，如何设身处地帮助经销商，则是习酒人以心换心的重点。

　　为了协调、统筹经销商，习酒在全国各地市场筹建起经销商联合会，由资历深厚、影响力大的经销商组成。通过这一方式，组织各类丰富的活动，使经销商之间共同合作进步，促进市场协调发展。

当然，维护情感的前提条件是公平、公正，不能因为感情而不顾规则。例如，君品事业部组织的营销活动多样，包括建立分销网络、在酒店会所陈列专柜，举办开瓶赠饮活动、小型品鉴会聚餐活动、"君品·雅宴"等，但并不是每个经销商都能参与此类活动。经销商按照动态评估系统，被分为A、B、C、D等级，不同等级的经销商获得的资源不尽相同。A级经销商可以申请参加所有活动，其他等级的经销商可参加的活动依次减少，通过动态评估系统，情感和公平得到兼顾。

　　涓涓细流，汇成江海，在众多习酒人、经销商的苦乐与共下，习酒跨越了一个又一个高峰，在2020年提前迈过百亿营收大关，铸就了白酒企业的又一传奇。

　　时代是出卷人，习酒是答卷人，消费者是阅卷人。习酒不负厚望、逆风增长、圆梦百亿，是时代必然，也是奋斗使然。"能用众力，则无敌于天下矣；能用众智，则无畏于圣人矣。"以尊商、亲商、敬商及开放共享的生态为基，立足百亿新起点，习酒走出了一条利益共同体、事业共同体、命运共同体的高质量合作发展之路。

第三节
生态：敬天敬地还自然

环保先行：坚守生态环保底线

"百亿习酒"离不开自然生态的支持，环保优先、环保先行是习酒自始至终坚持的原则，在环保方面不计成本地投入，这是习酒对环保事业所展现出的态度与决心。

习酒的生态观自建厂以来便已形成，全体习酒人身体力行，努力以保护环境为己任。习酒还曾以"真情山水，绿色习酒"为品牌宣传语。1990年，习水酒厂专门成立安全环境保护科，在能力范围内维护厂区内部绿化；1992年，环保部门由"科"升为"处"，在原有环保工作的基础上增加了"三废"治理工作。

1991 年至 1995 年，习酒利用酒糟开发沼气，解决了职工烧煤污染环境等问题，同时，将制酒产生的废糟加工成干饲料，推动当地养殖业发展。此外，为配合环保工作，习酒对酿酒设备进行了系统的调整升级。早期，人们酿酒常以石泥垒砌为灶，用秸秆、柴火等天然物质当燃料。随着煤炭的大面积开采，合金材料的广泛应用，烤酒设备也旧貌换新颜。这些举措，折射出早在二十世纪八九十年代，习酒就以前瞻性的眼光对生产设备进行了环保升级。这种绿色发展的基因，一直在习酒的血脉中留存下来。

　　到 2010 年，习酒单独成立环境保护部，统筹习酒内外所有与生态有关的活动。2017 年至 2019 年，习酒投资近 3000 万元进行"煤改气"，完成旧厂区 7 台燃气锅炉改造，取缔 9 台燃煤锅炉。2018 年后，习酒新建的制酒车间一律采用燃气锅炉，有效减少了二氧化硫、氮氧化合物的排放量，保护了大气和水源环境，为酿造好酒守住了源头。

　　习酒前瞻性地进行环保筹划，保证了其在未来很长一段时间内的平稳发展。2021 年 7 月 19 日，在贵州省首届"生态酿酒企业"授牌仪式上，全省共 10 家企业获 A 级颁证，其中，仅习酒与茅台两家企业被评为"AAAAA 级生态酿酒企业"，这是习酒坚守生态底线的必然回报。今日，生态环保已然成为习酒的常规工作，习酒所做出的努力、所收获的荣誉，无一不在向外传达着一个信息——这是一家负责任的企业。

　　习酒以身作则，在"君品文化"的引领下，实现了成本意识、生产经营与自然生态的和谐统一，以尽可能少的资源消耗和环境成本，获取尽可能多的社会效益和经济效益。污水达标排放，让河水更清；燃煤改燃气，让天空更蓝；常年植树造林，让习酒更绿。公司上下团结一心，坚持绿色发展，勇担环保责任，把生态修复、植树造林作为生态文明建设的首要任务来抓，切实做到经济效益、社会效益、生态效益同步提升，努力将习酒打造为宜居、宜业、宜游的"中国习酒城"。

践行责任：传承赤水河保护重任

习酒酿造讲究固态开放式发酵，借助自然环境，才能生产出传统白酒的香、醇、甘、美。赤水河便是酿造习酒重要的自然环境要素之一。

清澈甘醇的赤水河水，在浇灌沿岸糯高粱的同时，也为糯高粱酿造出的白酒添加了一层独特的黔酒风味；河底遍布的紫红泥土，含有丰富的微量元素，由此诞生的特殊芳香，使习酒的品质卓尔不凡；河谷地势低洼，四面群山环抱，终年雨疏风少，天然的屏障是无数微生物栖息的必要条件。

水为酒之血。早在20世纪70年代，周恩来总理就认识到了赤水河珍贵的生态价值，做出"茅台酒厂上游100公里以内，不准建任何化工厂"的指示，保证了赤水河中上游的干净水质。在工业建设如火如荼的改革开放时期，"赤水河不建化工厂"这一不成文的铁令依然被坚定贯彻，因此，赤水河能够保持天然清澈，成为长江中上游唯一一条保持自然流态的一级支流。

"君子务本，本立而道生"。习酒自然深谙其中的道理，始终把保护赤水河生态当作企业安身立命的根本。20世纪90年代，习水酒厂副厂长谭智勇在率队考察赤水河后，提出赤水河是"美酒河"的定位。老一辈的习酒人心里明白，正是得益于赤水河的独特性，沿岸星罗棋布的酒企才能兴盛发展。因此，历代习酒人传承着保护赤水河的重任，认为要像保护眼睛一样保护赤水河。

赤水河发源于云南镇雄，经云、贵、川三省，到四川合江注入长江，一年四季奔流不息，源源不竭。沿河企业靠水吃水，不论是润粮、蒸粮等生产用水，还是洗涤、烹饪等日常用水，都在赤水河就地取水。看似天经地义，但在酒企日趋密集的今天，过量取水会导致河水流量减少，甚至有可能断流。因此，如何尽可能地减少不必要的取水，是习酒长期思考的一个课题。

在制酒的最后一道环节——上甑蒸馏中，酒醅会因为高温蒸煮形成酒蒸汽，待蒸汽液化后方能得到基酒。为了加速液化过程，习酒通常采用水冷装置，让蒸汽遇冷凝结。整个过程中，水虽然参与了生产，但并没有直接用于白酒酿造。因此，2014年习酒投资2000万元，在生产车间完成了冷却水循环装置的建设。将冷却水循环利用，显著减少了在赤水河的取水量。然而，习酒并没有止步于此，仍不断探索与研发新的节水方式。到2018年，习酒改变思路，从介质角度出发，用风冷替代水冷，实现了蒸馏冷却环节对水的完全摒弃。

在减少赤水河水资源取用的同时，习酒在污水处理上也绝不含糊，"不让一滴污水进入赤水河"是习酒对社会作出的承诺。

"从我们污水处理厂出来的水，是可以直接饮用的！"时任习酒生态环境保护部污染防控班班长的王远桃虽然从事相关工作不到 3 年，但对于习酒污水处理系统的建设却表现得十分自信。

我国地表水质量标准将地面水从高到低划分为五类：其中 I 类到 III 类的水经过简单加工是可以直接饮用的，IV 类和 V 类则是常见的工业用水或农业用水。国家对企业提出的最低排放标准一般是 V 类，个别酒企严于律己，将排放标准定在了 IV 类。习酒是行业内唯一一个污水处理标准能达到地表水 III 类的企业，更直观一点来说，经过习酒污水处理厂处理的水，在品质上和天然的山泉水相当。

习酒认为，达到国家标准只是生产的最低要求。因此，在制定标准时，会最大限度地减少当前的环境承载量，以腾出更多的空间支撑以后的发展。更高、更严格的标准背后，是更复杂的工序和更精密的设备。仅 2019 年和 2020 年，习酒在污水处理上的投资就超过了 4 亿元。即便是 III 类水，习酒也没有将处理后的水直接排进赤水河。2019 年，习酒率先完成退水工程，实现对入河排水口的改造。原有的污水处理厂排水口被封堵，通过管道将排放的水退至赤水河 6 公里外的支流临江河内。整个工程修建耗资 3200 多万元，在运行中每抽一吨水的电费是 1.01 元左右，也就是说，在不包括机器折旧、人工等其他配套费的情况下，每年的电费也近 100 万元。习酒希望通过 6 公里的自然净化，尽量维护赤水河生态的稳定。

习酒还将自身的环保建设能力辐射到更广的地区。早在 2013 年，习酒投资 1300 万元，为习酒镇当地居民建立生活污水处理厂。该处理厂采用"厌氧 + 好氧"联合处理法，既能节能减排，又能大量减少化学需氧量，每天处理 2000 吨的污水，有效地解决了习酒镇生活废水问题。为杜绝在赤水河上游建立任何有污染的企业，习酒"付费取水"，即根据使用赤水河的水量，向地方政府付费，以此来补偿当地经济发展。

酱香酒引爆赤水河流域投资热度，大量资本注入赤水河两岸，一边是部分原住酒厂加速扩充产能，让企业满负荷生产；一边是外来酒企不断涌入，试图割据市场，占领一席之地。种种现象严重危害了赤水河的生态。据生态环境部华南环境科学研究所国家环境保护水环境模拟与污染控制重点实验室相关研究，在"十三五"末期，赤水河流域有白酒企业（包括作坊）近 2000 家，废水年排放量约 1400 万吨。庞大的生产需求带来的巨大取水压力和排污压力，如同一柄达摩克利斯之剑，高高悬挂在赤水河谷上空。若不加以重视，河流生态、当地居民、沿岸酒企将会一损俱损。习酒不让一滴污水排入赤水河，正是以身作则保护赤水河生态的生动体现。

一个民族环境意识的提高是衡量文明进步的重要标志。习酒在赤水河谷走向百年之际，持之以恒守护这一江潺潺绿水。

代际传承：代代年年荒山变绿地

做食品就是做生态。生态环境对于白酒行业的重要性已然不言而喻，作为绿色发展的受益者，习酒不只是单纯地享受着大自然带来的好处，而是身体力行地开展生态修复，植树造林，最大限度推进生态环保建设，努力构建与大自然和谐共生的关系。"保护好赤水河，实现'山中有树，河中有鱼，开门见绿'，是我们从未改变的初心。"这不仅是习酒为了环境保护而提出的标语，更是多年以来以自身行动为之奋进的目标。

习酒优良的植树造林传统一直在代际之间传承。从 20 世纪 90 年代习酒成立安全环保科以来，植树造林便成为习酒的传统，一直在发展中延续。老一辈习酒人已经意识到生态环保的重要性，创立了植树造林的传统。1989 年，习酒首次组织员工植树，在厂区植树 7500 棵，开辟苗圃 6.5 亩，扦插幼苗 4892 株，全厂绿化面积达到 45%。到 1996 年，习酒人在自己栽种的树木中，收获了 500 斤葡萄和 2000 余斤柑橘，这是大自然的奖励。正是因为前辈们奠定了习酒良好的生态环境基础，后人才得以享受这美好的自然环境。只有让保护环境的意识代代相传，让植树造林的优良传统得以延续，世代习酒人才能过上越来越美好的生活。

习酒人对于土地的热爱，在一场场植树活动中被种进泥土里。每一次植树活动，习酒上到董事长，下到一线员工，人人参加，为绿水青山贡献自己的一份力量。

2015 年，习酒创建了"保护赤水河·习酒在行动"全员义务植树公益品牌。在植树造林活动中，习酒选择有规格的树苗，保证成活率，并且除了植树，习酒还对裸露的地方复绿。从 2015 年到 2022 年，经过 7 年时间耕耘，习酒累计投入数百万元，植树近 2.7 万棵，绿化面积近 800 亩。

习酒不仅自己种树，还凭借自己的影响，带动更多人参与到环保绿化的工作中来。2020 年，随着习酒百亿销售目标的实现，习酒联手经销商，开展"百亿习酒厂城，共建百亿纪念树"环保项目。经销商可以自愿在酒厂认植一棵树，认植过后，树旁立一个标有经销商公司名称及法定代表人名字的标牌，这棵树会随习酒共同生长，从百亿走向更远的未来。经销商纷纷参与到这个公益项目中，甚至不惜花重金选购树种、苗木。

当然，植树也有讲究。习酒不种外来树种，只种本地树种。从植物学专业来讲，本地树种更适应当地环境。外来树种也被称为引进树种，如美国红枫。虽然引进树种通常更具观赏性，但习酒首要考虑的问题是引进树种是否会对微生物环境产生影响。如采用引进树种可能会改变原有微生物群落，对酿酒造成负面影响，尤其是在河流狭长的地带，空气不易流动，微生物很容易在这里聚集，若引进树种所携带的微生物破坏了原来的环境，将会对酿酒极其不利。

习酒内部有一个为人津津乐道的关于树的故事。在公司办公大楼旁边有一棵大树，树种为黄桷树，栽种于 20 世纪 50 年代中期，但不知是何人种下的。几十年来，这棵树从一棵小树苗，长成了直径 1.5 米左右的大树。根据习酒改建的设计图，需要将其移栽。但习酒高层做出决定：宁愿车间小一点，少修几口窖池，也要保留这棵树。最后，紧邻这棵树的车间，少修了 6 口窖池，这意味着习酒每年会少产几百吨酒。为了保住一棵树，宁可牺牲产量，这便是习酒的觉悟。

以小见大，被保留下来的不只是一棵树，更是习酒人对美好生活的期望。工业生产的最终目的是获得更美好的生活，保护环境不仅是因为酿酒需要，更是打造美好的工作生活环境的需要。为员工提供舒心舒适的环境，从长远看来，对生产所起到的作用不言而喻。

1993 年，在包装车间工艺员杨翠兰进入习酒时，周围都是光秃秃的山。但现在荒凉的景象已不在，植被稀少的荒坡变成了一片片盎然的绿意。许多老员工认为，这是习酒最大的变化。老一辈习酒人从外面打拼回乡后，不禁感叹："别看一天到晚爬坡上坎，但这个地方到处都是可以歇凉的大树，和大城市里一出门就是柏油马路的感觉完全不一样。"

正如员工们的真切感受，纵观习酒这些年来的变化，最为直观的便是随着企业规模的不断扩大，习酒的生态环保事业也越做越大：从一开始的厂区绿化，到后来赤水河流域的生态保护，再到深度环境美化，其巨大变化尽收眼底。今日，走在习酒厂区，仿佛置身绿色的天幕之中。漫步绿荫之下，原本炎热的夏日多了一些清凉。登高驻足阳雀岩，目之所及，是赤水河在青山之间流淌，是一座座淡黄色外墙的习酒生产车间被绿色包裹。这是一代代习酒人不懈努力、不断耕耘所取得的成果。

对习酒来说，生态环境不仅仅关乎酒的品质，同时更是生命之源、立身之本。走环境友好型发展道路，是企业实现可持续发展的战略性决策。坚持绿色发展，勇于承担保护环境的责任，把环境保护、植树造林摆在生态文明建设的首位，努力做到经济效益、社会效益、生态效益共同发展，这是保证习酒高质量发展的根本。

第四章
Chapter 4

人文之根

爱 人 · 怀 怜 悯

君子的品格是谦虚温润、勤恳含蓄，更是心怀苍生、兼济天下。爱人者人恒爱之，水利万物，君子利他。

爱人，是习酒核心价值观之一。地处川南黔北群山之中的习酒，秉持"以人为本"的爱人核心观念，造福习酒人，胸怀天下人——对内聚合员工为企业共同奋斗，酿造美好生活；对外积极参与和支持社会公益事业，为构建和谐社会，实现美丽中国梦而不懈努力。

　　爱人利他，万物共生。习酒承载着君子之道，己欲立而立人，己欲达而达人。

第一节
情感：亲族血缘为纽带

身份认同：同是天下习酒人

穿梭在城市大街小巷的销售人员，披星戴月，为习酒走入千家万户而努力；无论严寒还是酷暑都坚守在车间一线的酿酒工人，纵然精疲力竭、双手生茧，也要为习酒生产出一瓶瓶品质上乘的白酒……虽身在不同岗位，各有姓氏，他们却拥有共同的名字——习酒人。这是习酒赋予企业员工独特的身份，承载着无可估量的价值，其中既有员工自强不息的精神品质，也有员工厚德载物的家国情怀。

从三人起家、七名精兵到十四员干将再到超万名员工，习酒逐渐成为一个庞大的群体。如今，习酒人的群体规模还在扩大，无论是老人还是新人，无论来自何方，他们对于习酒人的身份认同感都高度一致。

一个人在外漂泊时，对自我的认识尤为清晰。现任股份公司副总经理杨刚仁出生于贵阳，他从小就常听父辈赞美习酒品质。大学时，他就读于江苏无锡轻工业学院（现江南大学），攻读酿酒工程专业。期间，他不时关注到"西北中原万里行""千里赤水河考察"等活动，对习酒更加向往。临近毕业，杨刚仁回到老家，在贵州师范大学举办的招聘会上，他与习酒人事科的同事交换了联系方式，后来应聘成功，顺利进入习酒工作。

1996 年底，当时习酒已在滑坡路上，各部门除了留一至两人值班，全部放假回家，其中就包括入职两年的杨刚仁。为了生存，他回到贵阳，从事过推销、服务员、泳池管理等工作。但他内心始终挂念着习酒，认为自己的梦想和志向都扎根在了赤水河畔。夜深人静时，他脑海里常常浮现出在习酒工作与生活的场景，那时同事经常相约吃饭、踢足球，领导对下属也很关心，这些让他十分怀念。

1998 年，茅台兼并习酒，杨刚仁在报纸上看到消息后，迅速回到习酒。在谈到他为什么又回到习酒时，他说："是因为习酒对我的包容，领导对我的关心。"

现任股份公司工会副主任罗飞泉也是一位归家的游子。2011 年，罗飞泉去参加遵义市场销售应聘会。销售经理看到他的简历时，很疑惑地问："你开过饭店，当过酒店的副总经理、广告公司的副总经理，也当过厂长，收入应该不低。为什么来应聘习酒的销售人员呢？"

面对销售经理的问题，过去的画面开始在罗飞泉脑海中如电影般闪现。1991年，习酒文工团的罗飞泉，跟随企业的营销活动四处表演。1994年，习酒停产，他不得不选择其他就业渠道。在外闯荡的日子也算成功，但他认为"在其他企业找不到职业的荣誉感和自豪感，也没有归属感"。在外的日子里，每当他向别人讲起习酒，眼里都闪耀着光芒。

再次进入习酒时，罗飞泉扎根销售一线，见证了黔东南片区销售额的翻倍增长。而后他调至公司工会，担任工会副主席一职。无论在什么职位上，他都全力以赴，正如他说："我在习酒找到了自己的人生价值，作为一名习酒人的自豪感将一直伴随着我。"

不仅是在外漂泊的习酒人，当地千千万万的习酒员工，对习酒人这一身份认同感也高度一致。现任股份公司总经理助理谢远东自称是一位来自重庆江津的习酒人。在习酒多年的工作经历，已让他视习酒为故乡。他每次从习水回重庆江津都感觉不自在，只有坐车回习水，远远看到习酒的广告牌时，心里才安稳。

公司发展得越好，员工的荣誉感越强，对身份的认同度也越高。随着习酒发展越来越好，品牌知名度越来越高，员工的自信心也越来越强。他们可以骄傲地说自己是一名习酒人："百亿习酒，我们每一个人都参与其中，贡献力量。"

而又正是因为习酒人对身份的由衷认可，他们才会超越简单的雇佣关系，将个人与习酒看作生命共同体，真心希望习酒能够越来越好。俗话说"在其位，谋其职"，而习酒人不仅仅是完成工作，还一心想着更好地完成工作，尽其所能为习酒创造更大的价值。

几十年的发展历程是一代代习酒人用青春岁月铺垫而成的，每个习酒人都在各自岗位上讲述着与习酒的故事。而正是每一个习酒人所发出的光和热，习酒才会获得辉煌的今天！

爱厂如家：融入人心家文化

贵州习酒，一直是习水县的骄傲，一度成为习水人民谋生的好去处。习酒厂的员工大部分是同乡，"家文化"的基因由此根植于习酒。历经多年发展，习酒已成为当地的支柱企业。习酒有一句口号："这是我们自己的家，也是我们子子孙孙的家。"

随着习酒文化建设的开展和发展活力的释放，习酒员工的归属感和荣誉感日益增加。岁末年初，公司会在定制的挂历上印制劳动模范的照片，这让习酒人更加具有自豪感，"爱厂如家"文化愈加深入人心。

"我只是一个普普通通的工人，日复一日，年复一年地干着同一件事，每天就想着怎样把手中的事做好，给习酒这个家庭带来贡献。"1993 年进入习酒，28 年来一直在生产一线从事包装工作的杨翠兰说到。她身上折射的，是对习酒最深沉的爱。

1993 年，22 岁的杨翠兰不顾家人反对，跟随丈夫经过两天路程来到习酒报到，成为一名普通的包装车间工人。一天工作下来，她的手掌捏不拢也撑不开，时常还会被玻璃割伤，晚上疼得彻夜难寐，在被窝里偷偷哭泣。她第一次感到人生是那样茫然和无助。好在丈夫一直给她安慰和鼓励，她才振作起来，慢慢适应了习酒的工作生活环境。

在 20 世纪 90 年代习酒最艰难的时光里，为了节约几毛钱或几元钱，她步行几公里到隔壁镇上买更便宜的菜，但从未萌生离开习酒的想法。就这样，她陪伴着习酒度过了最艰难的那段岁月。

但对杨翠兰来说，这还不是最难的日子。2004 年，突如其来的一场意外彻底改变了她的生活。杨翠兰的丈夫在一次外出学习途中永远离开了。在那段时间里，她处于极度悲伤之中，日渐消瘦。幸好在公司的领导和同事的安慰、关心下，她重拾生活的信心。

在那之后，杨翠兰一直没有离开习酒。多年来，她的脚步遍布包装车间的每一个角落。生产时，她一会儿给员工讲解操作，一会儿又亲自示范；休息时，她与员工一起聊天，总结经验。"习酒就是我的家！"她自豪地说出这句话时，眼里带着光。

也有一些员工因种种原因离开，但他们也希望再回到习酒工作。

1998 年茅台兼并习酒后，企业因经营需要对人员进行精简。未能留下的员工，每人可得 2000 元遣散费。此时，在浓香车间工作的王秀龙选择了离开。凭借之前积累的酿造经验，他拿着遣散费开办了一家白酒作坊，因经营较好，他的收入远高于在习酒工作时的收入。即便如此，当他看到曾经的同事在习酒干得有声有色时，心里很是羡慕。他形容离开习酒的生活就像"没有根的浮萍"。

2008 年，习酒返聘老员工的消息发出，他喜出望外，第一时间就参加了返聘考试，并以第一名的成绩考回习酒。还差两个月就达到返聘最高年龄限制的他，站在通知栏面前，开心得像个孩子。"我就像一个归家的游子，这十年来，我几乎每天都梦到习酒，梦到我与同事们一起在车间里工作。"如今，王秀龙已任制酒八车间的主任。

制酒三车间的班组成员们，用实际行动守护着他们的"家"。2011 年，习酒大地制酒车间刚建成投产，但排水设施还未更新，一场大雨的突袭，险些淹没车间内的物料。彼时，王伟兵刚被分配到这一全新的车间工作。深夜，疲惫不堪的王伟兵和其他员工已经到家休息，但突如其来的暴雨让他们瞬间清醒。没有任何通知，大家不约而同地赶往车间。在漆黑的雨夜，他们没有一丝害怕，只有一个念头，就是保住车间里的粮食。

虽然大家以最快速度赶往车间，但车间里的粮食和窖池已经被大雨浸泡，他们只能赶紧补救，将生产物料运至安全的地方。车间主任也随即赶到，看见这众志成城的一幕，他感动得泪流不止，立刻参与到抢险工作中。几个小时后，大雨慢慢停了，天边也露出鱼肚白，车间又将迎来新一天的生产。经过一夜奋战，大家把车间损失降到最低，衣服也早已被大雨淋透，大家只好换上工作服席地而坐，无人提出回家休息，一起等待着新一天的生产开工。

对于习酒二代、习酒三代员工来说，习酒是他们离不开的家。过去，他们的父辈依靠在习酒的工作养家，把他们培养成人。现在，他们在习酒奋斗，延续着上一辈的梦想。

出生在黄金坪的吴晓贤称自己是个地地道道的习酒人，外公和母亲都曾在习酒工作，所以到他这一辈，已经是第三代习酒人了。2008年，吴晓贤以笔试第一名的成绩考入习酒，历经制酒车间两年磨炼后，考入了销售公司，誓在广袤的市场为习酒开疆拓土。

此后 10 年，近在贵州省内各个片区，远到东北辽宁、西北新疆，祖国各个地方都能看到吴晓贤的身影。2020 年，他调回窖藏事业部，负责核心大单品习酒·窖藏 1988 的推广。这么多年，他从未想过离开习酒，在他眼中，习酒已然成为第二个家。吴晓贤说："从我姥爷到我妈妈，再到我，对习酒的情感早已融进我的血液。"

习酒员工的爱含蓄而又真诚。在中国的传统习俗里，有喜事要燃放烟花爆竹，营造热闹喜庆的氛围，寓意和美圆满。习酒环保部员工家逢喜事，但考虑到酒厂安全，就取消了燃放烟花爆竹的仪式。这看似小事一件，实则反映出习酒的每一位员工都能时时刻刻想到酒厂，真正做到爱厂如家。

习酒人的爱从来不是盲目膨胀的，"千夫诺诺，不如一士谔谔"，正是有谔谔之士的存在，习酒才会发展得如此平稳、顺畅。曾经习酒一位营销人员专门撰写过一篇名为《论习酒品牌建设之路》的文章，文中内容道尽习酒普通员工对企业发展的关心与忧虑。"人无远虑，必有近忧。面对习酒今天的发展速度和模式，我有着深深的忧虑。""面对如此骄人业绩，一度滋长了某些年轻习酒人的一种自满，甚至可以说是不自量力的情绪，并直接导致了公司上下出现了信心过度膨胀的情况；而当市场消费发生转向时，失落却比曾经拥有的自信多得多……"这未尝不是爱厂如家的一种生动表现。

岁月匆匆，物换星移，一代又一代的习酒人在这里挥洒汗水，绽放青春。每一位习酒人都时刻牢记着肩头重任，与企业风雨同舟、共进退，责任、使命共担当，让精神命脉赓续绵延、代代传承。对习酒人来说，无论身处什么岗位，无论在哪里，习酒都是他们的家。作为家中的一分子，他们默默付出，用双手搭建家，为家添砖加瓦，贡献力量。

苦乐与共：苦在酒厂，乐在酒厂

习酒厂数十年沧桑风雨路，见证了习酒人的苦与乐。乐哉习酒人，研制出新品的自信，酿出美酒的心满意足，卖出第一瓶酒的激动，斩获国内外大奖的骄傲，破百亿的振奋……苦哉习酒人，酒厂初建就被迫停厂的落寞无奈，重建酒厂的拮据彷徨，研制新品的棘手艰难，十里酒城被兼并的辛酸与不甘……

平心而论，老一代习酒人在苦与乐的经历上，更多的是苦，因为那时没有乐的基础，即使有乐，也只是艰苦创业的乐，白手起家的乐。早在 1956 年，习酒就埋下了一粒名为"苦乐精神"的种子，这粒种子在 20 年后破土发芽。20 世纪 80 年代，习酒厂内响起一句振奋人心的口号——"苦在酒厂，乐在酒厂"。老员工回忆："那个时代，员工的想法非常朴素，就是希望与企业同甘共苦，共患难、同荣辱。"

"苦在酒厂，乐在酒厂"是习酒人的真实心声，同时也是习酒人一直以来坚持践行的精神本质。

担任习酒群团工作部主任的任伯俊，是法律系高材生，他在 1992 年进入习酒后得到公司给予的特别关照。20 世纪 90 年代，为了留住大学生，习酒可谓诚意满满，不仅专门修建了一栋被当地人称为"熊猫楼"的学生公寓，配置客厅、公卫、彩电、空调，还一次性给予大学生 500 元"巨额"安家费。为丰富大学生的生活，习酒还修建了卡拉 OK 厅、运动场和图书室。

真心相待换来不辱使命的坚守。1994 年，习酒经济滑坡，资金问题愈演愈烈，此后一段时间内，生产、销售都无法正常进行，面临的只有接二连三的官司。多事之秋，任伯俊与习酒同道，利用所学的法律知识，为酒厂争取合法权益。有人趁乱使用"习水"品牌，任伯俊就只身前往天津打官司；有一个建设厂房的合同纠纷，对方要求习酒赔偿 360 万元，任伯俊据理力争，将赔偿降到最低。

那段时光虽然辛苦，但任伯俊回忆时依旧眼里有光，心里有乐："陈老总（陈星国）一讲话，大家就感觉热血沸腾，哪怕只发 40% 的工资，大伙儿都心甘情愿留下来。"

在悠长的岁月里，习酒的苦与乐烙印在习酒文化里，深入每个习酒人的心中。今天，"苦在酒厂，乐在酒厂"的文化自觉已经成长，逐渐演变成"爱我习酒，苦乐与共"的企业精神，从口号上升到内在的文化精神。

新时代习酒人的"苦乐"精神，具体表现在企业与个人之间，以及公司的新老员工之间。

在企业与个人上，让员工在"苦乐与共"的环境中成长，是习酒培养人才的一大措施。习酒在人才选择方面始终遵循一种自定的、严格的标准，目的是筛选出真正符合习酒特质、认同习酒精神的人。习酒相信，企业和人才是相互选择的关系，企业在选择员工的时候，员工也在衡量企业。在吸纳新鲜血液的过程中，习酒设置了严格的实习机制，新员工进入习酒后，不会被立即分配到机关科室，而是被统一安排进入制曲、制酒等车间，即使是招收的后勤人员也不例外。车间实习没有准确的时间，一般在六个月以上。

在实习过程中，新员工会在老员工的带领下，从一些简单的制酒、制曲工作开始，再逐步加大难度，直到熟悉整个制酒或制曲环节。招收进来的车间人员会在实习结束后留在车间，后勤人员则会被给予考核晋升的机会，考核合格后可进入后勤机关。

实习远没有想象中轻松。对新员工而言，习酒的实习工作非常"苦"。闷热潮湿的车间、繁重的体力劳动、复杂严苛的工艺流程，远远超出他们对这份工作的预期。有人在来到车间的第二天就选择离开，有人无法适应长达六个月以上的实习，也有人熬过了实习期却无法通过考核转岗。

多年来，进入习酒的新人都要先去生产一线的原则从未打破。在一以贯之的车间实习机制下，培养出一代又一代优秀的习酒人。这是一个高效的筛选机制，适应的人留下，不适应的人离开。"有的人因为适应不了车间选择离职，但留下来的人更多。"习酒人看待人员的流动问题比较理性，"很多人报考习酒的岗位，只因为我们名气不错，发展势头向好，但他们忽略了习酒对人才的共鸣需求。"

习酒从不吝啬花时间和成本挑选并培养真正适合企业发展的人才，这就是实行车间实习机制的原因。在吸纳新鲜血液的同时，习酒需要保证新员工和企业同频共振、价值共鸣。只有真正和习酒契合的人，才会成为其中的一员。每一个习酒人，不分学历、年龄、性别，从车间出发，在汗水的打磨中绽放光芒。

　　"苦乐与共"不仅体现在企业与个人之间，还体现在个人与个人之间。

　　在制曲车间，大家通常以兄弟姐妹相称，谁提前完成了当日任务，谁就会主动去隔壁小组帮忙，目的是让整个大家庭都能尽早结束工作。现任电商公司总经理，时任制酒七车间主任的袁小军，在刚进厂的时候体重只有 100 来斤，一副眼镜下透露着些许书生气质。面临每天两人一组完成 800 公斤的翻沙任务，他倍感挑战。这项工作需要两人面对面翻沙，位置不同，必然有人左手用劲，有人右手用劲。为了迁就这位力气小的新员工，搭档总是选择把惯用手的位置让给他。即便这样，他也不能弥补体力上的差距。每当体力不支时，总有几个热心肠的老员工接过铁铲，帮他完成他剩下的任务。他开着玩笑说："我现在都没有学会用左手，因为他们一直让着我。"等到发工资的日子，袁小军的工资也不比其他人少。

　　2019 年，张朝俊进入习酒。他虽然是习水人，但最初对习酒的工作模式并不了解，等到接触后才有了真实的感受。"我进入公司不久，做的主要是安曲和拆曲工作。工作本身挺累，但我没有感觉特别累。"因为他对于工作本身有很高的认可度，尽管辛苦，却也非常开心。

　　在"苦乐与共"的文化熏陶中，习酒员工不断相互学习、共同成长，收获荣誉、实现个人价值。"苦乐与共"生发出的强大凝聚力，让习酒与员工携手并进，创下一个又一个奇迹。

代代传承：薪火赓续习酒人

70多年的悠悠岁月，风雨习酒路。追忆往昔才恍然了悟，如今的习酒早已不再是当年的小作坊，从酿造工艺到经营模式再到企业文化，习酒发生了翻天覆地的变化。其中，人员变化尤其令人慨然。老一辈习酒人功遂身退，新一代习酒人成长壮大。人员更迭之下，一辈又一辈的习酒人，不断用心血浇灌，以此延续着习酒的常青基业。

1. 血脉相承

面对浩如烟海的招聘机会，许多年轻人毅然选择习酒，为成为真正的习酒人而奋斗。这些年轻人中不乏"习酒后代"，他们家中甚至几代人都在习酒工作，习酒于他们而言已经是一种传承。

袁铭蔚是习酒二代。2018年，在父亲退休三年后，她顺利通过招聘来到习酒。作为新一代习酒人，袁铭蔚深受企业精神的感染。初来酒厂的她任职于企业管理部，参与实施了卓越绩效管理的战略规划。2020年，为了更好地实行企业目标规划，战略部和企业管理部合并，组成企业战略文化管理处。袁铭蔚凭借良好的工作表现，通过考核成了部门副主任。

程莉莉也是习酒二代。2019年，受到父亲的影响，刚大学毕业的程莉莉应聘进入习酒，被分配到制曲车间。她回忆初进制曲车间时，感叹道:"第一天上班时,我 4 点就起来了,在车间里抱曲块。一块曲 20 多斤,一天要抱 3000 块,晚上回家累得只想睡觉。"制曲车间工作繁重,在高温高湿的环境中,工人要在稻草堆里摸爬滚打,以至于她的皮肤很快就过敏了。在想要放弃之时,她想起父亲每天 3 点多起床给自己做早饭,便不想辜负老一辈的爱与辛苦付出,咬牙坚持了下来。如今,程莉莉已是一名非常熟练的制曲工人。当说起对习酒的情感时,她说:"我能坚持下来,源于家人的关心,同事的鼓励,我现在非常热爱这份工作,热爱这个企业。"

2. 师带徒

除了"子承父业",习酒内部还存在一种传承——"师带徒"。年轻人刚进厂时,对生产工艺知之甚少,在体能上偏弱,对习酒的文化、制度不熟悉。如果没有一位经验丰富的老员工在前方引路,新员工很难快速融入工作环境中。老一辈员工多是当地居民,文化水平有限,在知识储备和眼界上远不及年轻大学生。然而,老一辈员工有着精湛的技艺、丰富的工作和生活经验。在师带徒的机制下,双方取长补短、互相学习,不仅能培养、提拔有潜力且努力奋斗的年轻人,也能让老员工开阔眼界,换一种思维模式。

凡学百艺,莫不有师。师徒制在中国的历史长河中存在已久,是很长一段时间里中国传统技艺传承的主要方式。在师徒关系中,双方是师徒,也像父子。到了现代的语境下,师带徒更多的是一种企业管理、人才培养的举措，它利用传统师徒制中师徒关系的紧密性，培养出彼此团结、友爱的新老员工团队，也更利于老员工手把手地传授技艺。

习酒的"师带徒"无处不在。在习酒，每个班组的老员工都是新人进厂的第一任老师，新人工作上有什么问题在他们那里都能得到答案；班长是第二任老师，不仅会告诉新人怎么做，还能站在科学的角度分析每一个动作背后的原因；工艺员是第三任老师，他能在新人遇到问题时及时出现，把丰富的经验悉数传授。

其中，工艺员是习酒车间里独特的存在，他不具体负责某一个班组或某一道工序，不直接参与生产，但需要在现场全盘监督检查，并对困难员工进行技术上的帮扶、传授。因此在习酒，工艺员可谓桃李芬芳。年仅 34 岁的石媛媛，在进入习酒的 11 年内带过的徒弟已有数百人。"有的现在当了班长，有的现在当了副部长，包括新进来的几批大学生，都是我培养出来的。"在谈及"师带徒"的成果时，石媛媛显得格外自豪："未来，我也希望自己可以继续在生产一线带更多的徒弟，更好地发挥自己的价值。"

"习酒最好的东西就是'师带徒'"，制酒三车间的陈立军在 2011 年刚进入浓香车间的时候，还是个一问三不知的新人，一直把握不好糟醅打水的用量。碰巧车间工艺员路过，看着迷茫的陈立军，教给他一个窍门：判断不准的时候就伸手去抓，如果指头缝里能看到有水珠，但又流不下来，那这堆糟醅的水分就刚刚好。多年过去，陈立军脑海中仍常常浮现那个工艺员手握一把糟子，给他讲授诀窍的画面。虽然现在陈立军已经从浓香车间调至酱香车间，但工艺员教给他的技巧却终身受用。在班组里，谁把握不好水分，都会去找陈立军帮忙。

在过去，为了防止"教会徒弟，饿死师傅"的情况发生，老师傅总会在传授技艺时留一手看家本领，待行将就木前才会倾囊相授。现在，观念开放了，习酒的每个老员工都恨不得多带一些徒弟。他们认为，学徒们的工艺技巧上去了，大家的工作才会越来越轻松。所以，在习酒，不论向谁请教问题，得到的都是一颗真心和毫无保留的教导。

自1992年进入习酒到现在，李中泰已经在车间度过了30个年头。被评为"黔北工匠"的他，从不敢以"懂酒的人"自称，为了酿造出更好的酒体，他始终保持自我学习。身为首席酿造师，李中泰每天步行上万步，既是巡查，也是学习。无论技术方面，还是管理方面，但凡有什么心得体会，他都及时在手机上记录下来，待轮次结束后，统一整理归档。长年累月，一套成熟的酿造工艺体系他早已了然于胸，悄悄写下了二十多万字的"秘籍"。

一枝独秀不是春，百花齐放春满园。李中泰在分析总结的同时，希望能把自己掌握的经验传授给更多的人，让大家一同为习酒的提质增效贡献一份力量。"我在这个岗位上，就要把我个人的全部努力贡献出来，奉献出来。"在每个轮次的收班工作会中，他都会把这一阶段积累的心得以文档的形式，分享给车间里的每一个人，可以容纳百人的会议室总是座无虚席。除了开会时间，员工在生产现场遇到什么问题，都能直接与他共同探讨。他认为："这是一个双向的过程，和他们交流，我也能学到一些新知识。"

"有的时候要手把手地去教，他们像小孩一样，不会走路、不会说话，等他们学成时，我自己内心的成就感就非常足。"从车间里走出来的学徒，有人当了中级管理人员，有人当了班长，还有人成为高级技师，这些离不开李中泰的无私奉献和倾心教导。他曾经负责管理的车间，也被看作习酒孵化优秀人才的核心场地。

根据习酒的晋升机制和对人才的重视程度，有能力的大学生用不了多久就能一跃而上，或在行政部门被委以重任，或在生产车间带班领组。也就是说，老员工的悉心栽培，并不能给自己班组的生产带来任何好处，他们倾尽一切，不过是为年轻人在习酒的发展做嫁衣。尽管如此，习酒的老员工依然愿意俯下身来，用自己所有的力量高高托起新一代的成长。俯身是一种美好的姿态，成就别人是博大胸怀的展现。"我想把我这些年学到的东西，无论是工艺还是成长过程中所遭受的曲折，都传授给他们，让他们少走弯路。"这是老员工发自内心的感慨。

习酒生态环境保护部副主任钟星认为，习酒的吃苦耐劳精神就是通过"师带徒"的关系代代相传下来的。他举了一个简单的例子：一位50多岁的老班长，平日里会亲自去排洪沟检查。新员工看到老员工这么做，自然会跟着干。因此，在许多年轻一代习酒人的习惯中，都有老一辈人俯身的身影。年轻人从前辈身上学到的不仅是经验，还有善良、直爽、温和、勤劳等宝贵品质。

师者，所以传道授业解惑也。通过建立"师带徒"制度，习酒在车间内部形成了一对对牢固的信任关系，帮助新人快速成长为一名能独当一面的技术能手。这种传承不仅延续了习酒高质量的发展，还继承并弘扬了习酒几十年发展过程中积淀的精神文化。

百年习酒非一日炼成，每一代习酒人有其各自的责任和使命，习酒今后的发展离不开年轻人。习酒将青年人才看作企业发展之本，通过搭建平台、强化培训，促进年轻干部成长成才，培养了一批批能够担发展大任的栋梁。越来越多的年轻力量走到台前，成为推动习酒发展的主力军。

第二节
胸怀：达则兼济天下

济世悯人：让当地妇女"穿金戴银"

已识乾坤大，犹怜草木青。习酒生于赤水河谷，怀鸿鹄之志，具有将天下皆揽入怀的风骨气魄。自建立之日起，带动乡亲致富的使命感与济世情怀，就在习酒人身上代代传承。

20世纪80年代，时任习水酒厂厂长的陈星国从美国考察回来后，看到附近来背酒糟的农妇衣衫褴褛，与国外人的生活水平有着天壤之别。他不禁情动于中，暗下决心："终有一天，我要让她们生活富足，'穿金戴银'。"这个质朴但又极具英雄主义的想法，深刻地体现出习酒人"达则兼济天下"的君子品格。

让当地妇女"穿金戴银"的想法，背后折射的是习酒不将自己的目标局限于一司一企，而是担负起宏大的责任，让当地居民富起来。因此，习水酒厂发展起来后，就大力修建厂房、学校、剧院、运动场，誓把黄荆坪变为黄金坪的决心愈加明显。

要想富，先修路。交通是经济发展的"大动脉"。1987 年至 1992年，在习水酒厂—临江—马临的交通建设项目中，习酒捐资 170 万元；1992 年—1994 年，又为修建黄郎（黄金坪至二郎）公路再次出资780 多万元。天堑变坦途，习酒用实际行动助力黔北交通发展。

习酒在规划和修建"百里酒城"时，也有拉动习酒镇走向富裕的深谋远虑。在规划时，陈星国曾指着产区一片平坦的土地说："这片留给习酒镇，将来建一个厂，把酒糟利用起来。大家可以算一算，一千吨酒糟至少可以提取复合甘油一百五十吨，一吨复合甘油可以卖七千五百元，一年收入可达几百万元。有这笔钱，习酒镇要不了多久就可以富起来了……"企业家不单单盯着自己的事业，还为地方党委、政府担纲着社会经济发展的顾问角色。时刻为人民谋福祉的陈星国，在离开很多年后，习水人民仍深切怀念着他。

还有一次，习酒领导在附近一户农民家中一边吃饭一边探讨"百里酒城"的构想，纯朴的屋主听后激动不已，从屋里捧出珍藏的美酒说："我们欢迎你们来这里建厂，我们支持你们建厂，我说不出啥好听的，就用酒来代替我们的心意……"纯真的情谊，通过珍藏的美酒在农民与企业家之间脉脉传递。

习酒将造福一方铭记于心。但由于各种复杂的原因，当年"百里酒城"的构想最后未能如愿。

"穷则独善其身，达则兼济天下。"习酒在贫瘠的土地上创造了奇迹，几次登峰后，并没有忘记当地的贫困百姓，这正是一种珍贵的悲天悯人情怀。习酒与脚下土地共同发展、共同成长的基因一直流传下来，成为一代代习酒人的责任和使命。

2019 年，习酒在做产区规划时，"百里酒城"的构想重现决策层的脑海。从 2019 年开始，习酒开始布局聚合产业链，针对产业链条四散的现状，希望供应商"搬"到习酒来。所谓"让供应商'搬'到习酒来"，即通过官方平台引进，由习酒建立一个 100 公里核心产业供应园区。在多方共同努力之下，2020 年 10 月 29 日，习酒温水包材产业园正式挂牌投产，象征着习水县白酒产业发展迈入了新的里程。挂牌当日，来自浙江、广东、江苏、四川等多地的包材企业开始投产，其中产品涉及彩印、瓶盖、酒瓶等主要包装材料，使用厂房面积约 17.9 万平方米，实现工业产值 25 亿元以上。

截至 2021 年 7 月，园区已陆陆续续入驻 20 多家企业。习酒也借助产业园区的力量，包装产能从 2018 年的每天 2 万多箱，提升到每天 9 万箱。不仅如此，习酒的包材供应开始"向黔看"，80% 以上来自本地配套，其中来自产业园区的占比达到 40%。

白酒配套产业入驻习水县，不仅为习水县社会经济做出贡献，也拉动了当地居民的就业，改善了他们的生活。

习水县温水镇户籍人口有 5 万之多，但由于当地经济发展滞后，多数青壮年劳动力选择外出务工。温水包材产业园建成后，提供了与外地多数企业相同乃至更好的薪资待遇。当地年轻人若能就近择业，不仅生活成本大大减少，还能方便照顾家里的老人和小孩。莫凤英就是温水镇娄底村的村民，之前常年在外务工。随着园区的建成，她返乡并到贵州宏旭包装制品有限公司就业，稳定的收入让她对生活十分满意。像莫凤英这样的人还有很多，仅贵州宏旭包装制品这个 300 余人的公司，其中就有 98% 的员工来自本地。13 个中层管理者中，有 11 人来自温水镇。

随着园区内 15 家包材企业陆续投产，为当地提供了 6000 个以上的就业岗位，工业产值达到 35 亿元以上，占贵州省白酒包装材料市场三分之一的份额，经济指标位列全省前三，可全面辐射习水产区、仁怀产区、泸州产区、宜宾产区等地。充足的人力资源满足了企业生产发展的需要，而企业的发展又能推动地方经济、社会的发展，解决地方就业，吸引更多人才。

产业园区的建成，实现了习酒当年许下的"穿金戴银"诺言。几十年来，习酒一边积极谋求发展，一边带动大山的百姓致富。习酒的爱人情怀及悯人情怀，让习酒最终长成荫庇一方的参天大树。

造福一方：当之无愧习水名片

从《史记》记载的原生态枸酱到 20 世纪 80 年代的飘香"十里酒城"，从汉武帝感叹的"甘美之"到被消费者赞誉的"君子之品"，习酒以朴实的文化底蕴、独特的酿造技术和甘美醇厚的韵味穿越了 2000 多年，成为习水县靓丽的名片。

走在习水县的街头，随处可见习酒销售门店和偌大的、带有习酒 Logo 的广告牌。熙来攘往的饭店里，几乎每张桌子上都摆放着习酒的酒瓶。正如食客们所说："在习水，你不喝习酒喝什么？"习水的老百姓也总希望孩子大学毕业后能到习酒工作。

一家酒企对当地发展的引领作用有多大？20 世纪 90 年代初，习酒为全县财政提供了 80% 的收入，助推习水县经济、文化、教育等飞速发展。

进入新时代以后，习水县以白酒为重点产业，2018 年和 2019 年蝉联"贵州省 GDP 增速第一"，2020 年位列"贵州省 GDP 增速第二"。从一个国家贫困县跃升为中国西部百强县，习酒功不可没。2020 年，习水县白酒产业实现总产值 133.67 亿元，增加值 129.54 亿元，同比增长均超过 30%，实现销售收入 131.12 亿元，税收收入 35.56 亿元。

更为直接的数据是，2020 年，习酒贡献的工业总产值占习水县的 77.2%，贡献的税收占全县的 66.23%，贡献的规模工业增加值占全县的 92%。习水县委、县政府深入实施"酒旅并举·富民强县"发展战略，突出抓好白酒、旅游两大重点产业，带动其他优势产业齐头并进。以白酒为支柱的工业经济持续领跑，释放了县域经济发展的巨大潜力和强大动能。习酒作为龙头企业对于习水县白酒产业集群效应有着重要带动作用。

走进习水县，人人都以习酒为骄傲。

习酒对习水县的带动不仅仅体现在经济层面，在赈灾解困、解决就业、脱贫攻坚、乡村振兴等方面习酒也不遗余力。

在赈灾解困方面，1992 年，习水县曾遭遇百年不遇的旱灾，全县耕地大面积歉收，数十万父老乡亲苦苦挣扎在饥饿线上。为了帮助灾民度过水深火热，习酒组织生产自救及全体员工捐款赈灾，向受难的父老乡亲伸出了援助之手。5 月 19 日，习酒筹集 30 万斤粮食支援习水县，救灾物资分期分批派 10 辆小车送到灾情严重的永安、二里等地区。

除了赈灾解困方面的"输血"功能，习酒对于习水县发展更多的贡献在于提升了当地的"造血"能力，帮助当地实现乡村振兴。在过去几十年里，距离习水县城 25 公里的习酒镇大湾村，山高路远、交通闭塞，村民们只能依靠种植玉米、小麦等传统农作物维持生计。因为缺乏科学管理和产业链条，不仅每年收成一般，村民们还为农作物的销售犯难。面对这一境况，习酒坚持与习水县共生发展、共同成长，在当地推行糯高粱种植，同时与习水县展开合作，投资 4.2 亿元在当地建设了习酒有机高粱示范种植基地，实行科学化高质量管理，每年以较高的价格向农户收购高粱。如今，习酒镇大湾村，3000多亩高粱地长势喜人，每到秋天，村民们难掩丰收的喜悦。

每年八月正是糯高粱丰收时节。习酒有机高粱示范基地里，农户们手持镰刀，穿梭在阡陌之间，收割着一穗穗红高粱。涂明刚在当地有着10多年种植经验，算得上种植大户。2021年，他的9亩土地共收获了6000多斤高粱。他笑着说道："今年气候好，高粱比往年收得多，而且颗粒也饱满，基本上都是合格产品！"

习酒酿酒需要高品质高粱，而农户需要种植高粱创收，习酒和周边种植糯高粱的农户之间就成为利益共同体。为鼓励当地居民种植红粮，习酒竭尽所能提供支持。在2003年以前，习酒镇的红粮收购价格还只有每斤2元左右，和玉米、水稻等其他农作物相差无几，加之没有丰富的种植经验，红粮收成也并不算好，所以村民对红粮种植积极性并不高。

随着习酒的加入，"公司＋基地＋专业合作社＋农户"的生产模式传播开来，从前期种植技术培训，到中期选种育苗，再到后期拉车收购，均由习酒一手包办。而生产过程中所需要的物料，从高粱种子到有机农肥，再到生物制剂，甚至农户装粮用的口袋都是由习酒公司提供的。

同时，习酒对当地的糯高粱开出高于市场的收购价。一般的高粱在诸如河南、河北等省外地区，均价稳定在每斤2元左右。在泸州、遵义等酿酒重地，高粱的价格也不过每斤3元多，而习酒从农户手里的收购价格从每斤 4.6 元，涨到 5.6 元。也正因此，赤水河边的高粱被称为世界上身价最昂贵的一种高粱。同样面积的土地，种植高粱的经济收益甚至是玉米等其他农作物的 3 倍，这使得农户的积极性高涨。在习酒的影响下，从 2016 年开始，习酒镇多个村子开始调整农业产业结构，纷纷种起了有机红粮。在习水县，全县共 26 个乡镇（包含街道），共种植有机红粮 25 万亩，直接带动全县 5.5 万户农户实现增收。

刘老太是习酒镇大湾村的村民，她的孩子都在外务工，自己和妹妹两个人一年种了 10000 多斤高粱，给家里创造了 40000 多元的额外收入。像她这样的人还有很多，在大湾村 800 多户村民中，有 700 多户都只种有机红粮。

习酒如此大力支持高粱种植，一方面是为了尽可能地减轻农户的种植成本，提高他们的收益；另一方面也保证了习酒的品质。

除了高粱种植，习酒还在桃林镇永胜村推行生态循环发展，利用制酒后废弃的酒糟，大力发展养殖业。公司派出驻村第一书记，驻扎在当地帮助村民们发展种植、养殖为一体的产业。

每年，习酒还会无偿提供一批酒糟，用于永胜村牛羊的养殖，并且帮助永胜村安装路灯，给生活带来极大的便利。因此，村民兴奋地说道："对比以前的生活，习酒对现在的生活帮助太大了。那时候我们没路灯，晚上走路只好人手一支手电筒；没有规模化养殖，大家日子都不好过。现在习酒不仅送物资、送原料、送技术，还派专人来指导我们。"

种植高粱、养殖牛羊增加了村民的收入。习酒还不断地为当地居民拓宽就业的渠道。近几年，习酒不断增加一线岗位、调整招考举措，在一些贫困村，公司每年都会调整部分就业名额。当地居民家中只要一人在习酒工作，全家的生活便有了依靠。随着"十四五"规划的出台和习酒突破百亿，产能将进一步扩大，也为赤水河沿岸村镇居民提供了更多的就业机会。

习酒在脱贫攻坚战中，曾对口帮扶道真县文家坝村和习水县永胜村，开展捐款捐物、改善基础设施、开展产业帮扶等举措。

作为闪耀一方的名片，拥有习酒，是习水之幸；生长在习水，也是习酒之幸。大树与土壤，两者相得益彰。

大爱无边：助学助老大爱无疆

君子博爱、兼济天下，勇担责任、奉献社会。习酒之爱人，不仅体现在为地方发展助力的局域之爱，更体现在广博的助学和助老之爱。

少年智则国智，少年是国家的未来和希望，帮助他们实现心中梦想，是习酒兴起公益助学项目的出发点，也是"兴我习酒，奉献社会"企业精神的自然体现。

习酒的公益基因可追溯到 20 世纪 80 年代。

早在 1980 年，习酒当时还只是一家利润仅 2.35 万元的小酒厂，公司员工就已经开始自发捐资助学。

1984 年，习酒修建子弟校并招生，1985 年正式办学。为企业员工子女、企业周边村民子女创造了读书学习的良好条件。子弟校出资丰厚，聚合了强大的师资力量，招收的教师素质高、见识广、修养好。他们为山中学子带来了知识的给养、精神的丰盈。1991 年，习酒子弟校的校长张开刚率先开展省内白酒企业人才引进工作，成功开启企业人才引进与培养并重的全新篇章。1992 年，张开刚前往贵州大学等八所院校招募人才，为习酒吸纳了上百名高等院校的大学生。在这一过程中，习酒子弟校一位名叫吕良科的教师，还组织了一批白酒专业的老师和学生，建立了全国首个酒厂和学校合作搭建的"白酒科学研究所"。像陈宗雄等习酒的技术骨干，都是从这些校办体系中脱颖而出的。

那时，子弟校不仅解决了酒厂员工和周边村民孩子们的读书问题，还为习酒厂乃至地方输送了一大批优秀的管理人才。为此，子弟校一度被称为习水酒厂的"黄埔军校"。

从 20 世纪 90 年代开始，习酒就大力捐资助力贫困乡镇修建希望小学，推动乡镇基础教育发展。此后，年轻的大学生群体也成为习酒在公益上的关注对象。在"习酒·我的大学"公益助学项目开展之前，2003 年习酒开展了"习酒助学活动"，向习水、赤水两县市贫困大学生捐资 5 万元。

现习酒制酒一车间副主任邓军成就是受助大学生之一。2005 年，高考结束后的邓军成因为家庭贫困险与大学失之交臂。机缘巧合之下，他听闻习酒有资助贫困大学生的活动，就去当地民政局填写了资助申请表。习水县、习酒派人确认他的家庭条件属实后，随即向他资助 3000 元。这对于邓军成无疑是雪中送炭，重新点燃了他的求学梦想。在亲朋好友与习酒的资助下，他成功踏进大学校门。毕业后，邓军成留在北方工作，直到 2012 年，一则习酒招聘广告出现在眼前时，他毅然选择离开已经工作了快 3 年的职位，回到梦开始的地方。他很清楚，大学的深造让他拥有更多选择，但现在所拥有的一切都是习酒给予的。回到习酒后，邓军成努力工作，兢兢业业坚守在岗位上，用行动回报着习酒。不仅如此，他还时常教导自己的孩子，将来无论身处什么岗位，都要记得帮助别人，把善意传递给更多人。在习酒公益的感染之下，很多受助学子毕业后都来到习酒工作，将习酒的善意一代一代传递下去。

2006 年，习酒联合共青团贵州省委、贵州省青少年发展基金会，共同发起"习酒·我的大学"公益助学活动。这成为习酒助学的一个经典品牌。之后 17 年时间里，习酒的足迹遍布全国 26 个省市，累计帮助了 20000 多名学子，实现了 20000 多个梦想，帮助他们从大山深处飞往远方。随着脱贫攻坚战役全面打响，"习酒·我的大学"助学金更名为奖学金，帮扶对象不再局限于贫困学生，品学兼优的学生也可以申请。

2016 年，贵州省黔东南州民族高级中学内，一位已从学校毕业十年的男士突然回到在学校，询问是否有贫困孩子需要帮助。原来，十年前他考上省外大学，却因家庭经济困难准备放弃学习，得益于"习酒・我的大学"资助，他才顺利读完大学。这份情，他一直牢记心中。如今，经历过一番拼搏的他，成功在社会上站稳了脚跟。回想当年习酒伸出的援助之手，他决定把这份情感延续下去，尽己所能资助有梦学子。

还有位曾经受"习酒・我的大学"资助的学子，时隔多年来到习酒，受到习酒人的热情款待。面对习酒人，他真情流露，说道："'习酒・我的大学'让我顺利走进了大学校园，扩展了我的视野，增长了我的阅历。这项公益活动十多年来从未中断，从中我看到的是习酒的善意与初心，这帮助我成为一个更好的人。"

大爱具有强大的感染力。践行企业社会责任让习酒的员工、经销商们对企业的认同感更强。在被问及印象最深刻的事情时，许多员工都会谈到探访贫困学子的经历。

2014 年加入习酒经销商队伍的谢春霖，一直跟随着"习酒・我的大学"开展公益活动。在成为习酒经销商之前，他在乡镇工作，十分清楚大山深处孩子们的艰苦环境。那些孩子懂事、坚强、淳朴，既热爱学习也想出去看看外面的世界。有着这样一段工作经历的他，对助学公益活动有着浓厚的热情。

在参与"习酒・我的大学"活动时，谢春霖主动跟随习酒团队前往大山，探访贫困家庭的孩子。看着孩子们一双双求知若渴的眼睛，他非常动容："我希望有一天，这些孩子都能够走出大山，学习到更多的知识，从而改变命运，为社会、国家出一份力。"在两年时间里，谢春霖不仅参与"习酒·我的大学"公益活动，还自掏腰包资助了 4 名贫困大学生。

很多孩子走出校园后，在各行各业、各自的生活中挥洒热血与汗水，还有些孩子则投身公益事业，如同"习酒·我的大学"对他们的帮助一样，为更多贫困学子奉献力量。不管他们身在何方，都会把习酒的爱传递下去。

2021 年 6 月，全国天南地北百名习酒奖学金获奖学子代表奔赴习酒，他们有一个统一的行动代号——"回家"。当年获得习酒资助的学子回到了"母亲"的怀抱，百名学子情意眷眷，共赴"归途"。回家之路，让习酒品牌也更加稳固。

除了助学，习酒在助老上也展现了无疆大爱和承担社会责任的勇气。"老吾老，以及人之老；幼吾幼，以及人之幼"是中华民族的传统美德，爱老助老也是社会共同的责任。

2022 年末，习酒在经销商大会上正式启动"习酒·吾老安康"慈善活动，首期募集善款金额 2000 万元，致力于满足困境老人的生活照料、心理关爱、医疗服务等需求，用爱心、责任和奉献为老人创造幸福美好的晚年，勾绘出"老有所依、老有所乐、老有所安"的美好愿景。

不管是"习酒·我的大学",还是"习酒·吾老安康",都是习酒君品文化中行谦让、怀怜悯的生动注脚,也是习酒文化中承担社会责任的使命感的体现。这是几代习酒人在赤水河畔创业的精神传承,也是一家企业在发展中坚守初心的体现。

第 五 章

征 程

两百亿酒企新使命

习酒从 1998 年因危机被茅台兼并，到 2022 年挂牌独立、再度出发，其间历经 24 年。在多年的发展中，曾经奄奄一息的习酒重获新生，今日已经是贵州省仅次于茅台的第二大酱香酒品牌，这一切都离不开茅台的扶持与帮助。

习酒始终不忘茅台的恩情，也坚持与茅台一起为进一步提高贵州酱香酒在全国的竞争力和产业链的话语权而努力。未来，挂牌独立的习酒集团，将肩负自己的新使命，走向更为广阔的天地。

第一节

全新起点：习酒集团挂牌独立

2022 年 9 月 9 日，黔北赤水河谷，习酒办公大楼的门口即将举行一场盛大的揭牌仪式，红色横幅高挂，红毯铺地，花篮有序排列。当遮在牌匾上"贵州习酒投资控股集团有限责任公司"（以下简称习酒集团）几个大字上的红色幕布被拉下时，红绸飘地，现场掌声雷动。

从这一天起，习酒集团正式成立——习酒脱离茅台，开始迈入集团化征程。

早在两个月前的 7 月 11 日，习酒就召开了一个关键的干部大会。会上宣布，原贵州茅台酒厂（集团）习酒有限责任公司升级为贵州习酒投资控股集团有限责任公司。与此同时，会议对原习酒领导班子作出调整，宣布此前已离开习酒四年的张德芹再次担任习酒集团党委书记、董事长。

干部大会第二天，茅台发布一则公告：茅台集团拟将所持贵州茅台酒厂（集团）习酒有限责任公司 82% 的股权无偿划转至贵州省国有资产监督管理委员会，由贵州省国资委履行出资人职责。

7 月 15 日，贵州习酒投资控股集团有限责任公司完成工商系统登记，注册资本为 37.5 亿元人民币，由贵州省人民政府国有资产监督管理委员会 100% 持股。

成立习酒集团是习酒独立的重要标志，这意味着从股权结构到对外形象，习酒正式完成了与茅台集团的剥离，结束了长达 24 年的隶属身份，是习酒未来攀登更高山峰的基础。

习酒的独立，不管是对于习酒自身来说，还是对于贵州省白酒产业来说，都具有极其重要的战略意义。习酒作为贵州生产酱香白酒的企业，将助力增强贵州酱香酒板块在全国的竞争力与话语权。

赤水河流域是中国酱香酒的黄金产区，白酒产业又是贵州省的支柱型产业。因而，贵州省一直致力于将赤水河打造为"世界级酱香型白酒产业聚集区"。2022 年 1 月，国务院发布的《关于支持贵州在新时代西部大开发上闯新路的意见》中明确提出，要"发挥赤水河流域酱香型白酒原产地和主产区优势，建设全国重要的白酒生产基地"。

以茅台为"领头羊"的酱香酒企业响应号召，聚集、抱团，一同致力于打造"世界级酱香型白酒产业聚集区"。曾经是茅台集团麾下一员猛将的习酒，如今已经独当一面，身份定位转变后，其目标和责任也随之改变。习酒这一身份的变换，影响了白酒行业的发展格局。

习酒作为酱香酒品类的第二大品牌，能够为赤水河酱香酒产区增添一股新力量，为贵州省打造"世界级酱香型白酒产业聚集区"赋能，促成贵州酱香酒乃至整个白酒产业的进一步繁荣。

独立后的习酒，未来可期。习酒将在稳固自身地位的同时，延续高质量、高水准、高速度的发展步伐。

第二节

不忘来路：向茅台集团感恩

2022 年 9 月 9 日，习酒集团举行隆重的揭牌仪式，一幕关于感恩的经典画面被定格在镜头中：仪式上，全体习酒人面向茅台方位，将左手放于胸前，向茅台致以最诚挚的敬意。

这一个细微的举动，展现出习酒人对于茅台集团深厚的感恩之情。因为习酒被茅台集团兼并的 24 年中，茅台对习酒的发展施予了诸多扶持与提携。细数来时路，习酒与茅台不止 24 年的交往岁月，两者之间的渊源可以追溯到习酒建厂初期。

茅台之于习酒有造就之恩。1956 年，在贵州政府的政策调度下，从茅台酒厂调任过来的邹定谦成为习酒第一任厂长，他为习酒带来了白酒酿造的核心技术——回沙型酿造工艺。这点燃了习酒生产酱香酒的火种，为习酒后来创造一个又一个的辉煌时刻埋下伏笔。

茅台之于习酒有扶持之恩。1965 年，曾前德等人重建了酒厂并成功研制出小曲酒，不满足于此的他们，决定进一步研发大曲酒。由于大曲酒工艺更加复杂，凭一己之力难以掌握其制作工艺的精髓，彼时的他们四处向名酒厂寻师问道，茅台酒厂就在他们的重点求学对象之列，而茅台为习酒提供了诸多帮助与支持。

茅台之于习酒有再造之恩。1994 年，习酒处于生死存亡之际，几代人的心血到了付之一炬的边缘。危难之时，习酒领导人多方寻找出路却碰壁。1998 年，在贵州政府的牵头下，茅台做出兼并习酒的决定，给了习酒一线生机。孔子有言："危邦不入，乱邦不居。"此时的习酒债务繁重，茅台兼并习酒弊大于利。更何况在行业寒冬之下，茅台当时的经营状况也并不理想。但是即使自身艰难，茅台仍愿意伸出援手，喝下这杯"苦酒"，此举让习酒"绝处逢生"，也为贵州白酒产业的长远发展作出了巨大贡献。

茅台之于习酒有成就之恩。在加入茅台集团的 24 年中，习酒累计销售额近 700 亿元，在茅台旗下获得了长足发展。2022 年，茅台无偿划转贵州茅台酒厂（集团）习酒有限责任公司 82% 的股权至贵州省国资委，习酒脱离茅台并开始独立集团化经营。虽然"羽翮已就"，习酒本当"横绝四海"，但得以独立运营并与茅台竞合发展，习酒依然要感恩茅台的"成人之美"。

"上游是茅台，下游望泸州，船过二郎滩，又该喝习酒！"从小的角度来看，习酒和茅台都孕育于赤水河畔，如同血浓于水的血亲一般。从大的角度来看，茅台与习酒都属于贵州。因此，它们不仅有着极为相似的生长环境，还都受到黔派酿酒文化的熏陶与洗礼，习酒与茅台同宗同源。如此一来，就注定了习酒与茅台会有着千丝万缕的联系。

贫不改志，达不忘本，不为繁华易素心。习酒永远铭记茅台的恩情并已经将感恩付诸行动。

2022 年 7 月 24 日，习酒集团党委书记、董事长张德芹率习酒集团高管团队到访茅台集团。习酒众人拜访茅台集团只为向茅台及其 3 万多名职工表达感恩之情，感恩茅台 24 年来对习酒无微不至的关心、无私的帮助。

2023 年，贵州习酒召开全国经销商市场工作会，习酒展示了推出的新产品——"习酒感恩 98"。1998 年是习酒加入茅台的时间，"感恩 98"意为感恩从 1998 年开始，茅台对习酒连续 24 年如一日的帮扶与支持。

无论今天的习酒收获了何种荣誉、实现了何种成就，习酒人始终怀揣感恩之心。感恩文化深入每一个习酒人心中，也融于君品文化之中。

第三节
未来可期：重整出发迎挑战

习酒独立后面临的首要任务就是迎接市场考验：如何规划产品矩阵，如何清晰规划、建设高端、中端和大众酒系列的品牌路线与产品路线，才能平稳过渡，站稳脚跟？

首先，在新的白酒市场格局下，独立后的习酒决定先稳定经销商队伍。

从 2022 年下半年开始，习酒出台了对经销商的支持举措，并且给各个销售片区下发指令：不能让任何一个经销商离开习酒，哪怕是做得艰难的经销商，习酒也一定要在他们最困难的时候，伴随他们前行。这使习酒与经销商之间建立了一种难能可贵的战友关系。

为表达对经销商的支持，习酒集团董事长张德芹曾在会议上对

2000 多名经销商表态："我张德芹的电话和微信是为你们开放的，如果觉得有不公，或片区对你们服务不到位，可以随时给我发信息，我会给各位一个答复。"言辞之间，尽显忠诚与友好，还有谦虚与真诚。

其次，习酒也在自身产品布局上做出了调整。相较于此前发力的高端、次高端的产品，习酒决定再推出终端零售价在 160 元左右的新品——"圆习酒"系列。物美价廉的大众产品才是老百姓真正喝得起的酱香酒。习酒率先下沉进入大众酱香酒赛道，争取在产品布局中领先一步，有利于稳定习酒基本盘，同时开拓更大的市场。

再次，新发展阶段有新发展需求，因而在技术、产业、产品和管理四大方面，习酒进行了新的布局。

技术方面，习酒继续加大对微生物种类及功能的研究，也加大对饮酒行为、饮用方式与人体健康关系的研究，了解消费者的多元化需求。同时，习酒在数字化、智能化、自动化等方面努力进行创新升级，以提升生产效率，解放员工的双手，让他们有更多的精力和时间参与技术研发和市场开拓，减少在体力劳动和机械化操作中的投入。

产业方面，习酒未来会涉足更多新兴产业，包括循环产业、功能性饮料赛道，从而顺应市场化需求，向年轻消费者靠拢。

产品方面，习酒计划加快主体产品的升级和优化，加快白酒相关替代产品的研发。

　　管理方面，习酒期望通过促进科技创新提升管理水平，使制度更人性化、信息流程更高效、激励机制更贴合员工需要，打造富有活力的团队。

　　总体而言，即使面临诸多挑战，习酒的发展步调也依旧稳健。经历了几十年的沉淀，习酒多了一些内敛和稳重。前人吃过苦，也经历过风雨，终于盼来彩虹。所以后人要懂得经营的不易，对如今的这一切更应倍加珍惜。

　　一路走来，历练过的习酒底蕴深厚；展望未来，迈入新阶段的习酒也将秉持着稳中求进的发展理念行稳致远。集团化不是结束，而是新征程的开始。站在历史的转折点，乘着百亿之势，习酒这艘巨轮必将在发展浪潮中谱写出新的史诗。

习酒的品格

有人说习酒是一匹"黑马"，是最具发展潜质的酱香型白酒品牌。有人说习酒是一颗"新星"，广受消费者喜爱。习酒还是一家百亿酒企，2020 年完成百亿目标，2022 年迈入集团化，品牌价值超过 2200 亿元，位列中国白酒前八名、贵州省白酒第二名。

在这些标签之外，我们该如何认识习酒？带着这样的疑问，考拉看看头部企业研究中心于 2020 年盛夏来到赤水河畔，第一次走进习酒。其后，我们又三度赴习酒调研，窥探这家企业的灵魂。

在深入了解之后，隐藏在面纱背后的习酒形象逐渐清晰。黑马、新星、百亿酒企……当这些光环逐一淡去，习酒最本真、最动人的姿态得以显露。

作为一个深耕企业研究的团队，我们了解过许多企业，却依然被习酒愈挫弥坚的精神打动。从酒厂蹒跚创立，到几经低潮，再到浴火重生，习酒和习酒人始终以昂扬的姿态面对苦难，这令人动容不已。姿态昂扬的习酒极具表现力，给心灵以巨大的感染力，从而使人产生记录的冲动。我们在感受习酒厚重历史的同时，将情感付诸纸笔。

这并非易事。如何在盘根错节的历史脉络中穿针引线，如何在复杂多变的世界探索规律，如何在宏大的时代中找到习酒的来路……考拉看看头部企业研究中心需要建立一套方法论。我们一直在追本溯源，试图从第三方的客观视角解读习酒。不得不说，深入企业后，极容易被习酒文化所感染、同化，因此文中不乏许多情感的流露，主观但不失真实。

在酒厂，我们采访了来自大江南北的习酒员工，看到几千余人在这里安居乐业，以厂为家。无论参与个人访问还是群体调研，每个人都竭尽所能地回答我们的提问，这让我们对习酒人的好客、热情、正直、纯粹、真诚深有体会。

更具说服力的素材来自外部探访。对高粱种植户的采访给人留下深刻印象。当天下着小雨，我们在习酒工作人员的带领下驱车盘山而上，来到有上千米海拔的大湾村有机高粱示范基地。细雨迷蒙中，村民热情展示丰收在即的高粱。高粱，这种传统的农作物，是习酒必不可少的酿造原料，更是农民增收致富的宝贝。那一幕，让我们深刻地体会到习酒对于农户和当地经济发展的重要作用。

想要全面解读习酒是困难的，因为解读的对象很复杂。为此，我们做了许多基础性的工作，其中包括采访 160 多位习酒人，收集整理出 200 多份档案馆资料，查阅 20 多本参考史料，总结汇集 100 多万字的录音资料，归纳出 200 多个小时的调研录像。在逐步深入的过程中，我们感受到企业内部的生机与活力。外界标签的得来自有其原因，但真实的习酒隐藏在更厚重的历史中。我们不断沟通、剖析、解读，力求创作出最具真实性、说服力的习酒读本。

本书曾三易其稿，思路、框架、结构"大动筋骨"多次，其间斟酌过的字句、修改过的文辞更是不计其数。

百转千回之后，我们终于拨开重重迷雾，看见了一家始终遵循崇道务本精神、敬商爱人准则，知敬畏、懂感恩、行谦让、怀怜悯，努力为员工、消费者、社会创造价值的企业。

但我们所看到的习酒，也并不是一个"标准答案"。一千个读者眼中有一千个哈姆雷特。历经 71 年磨砺，习酒的厚重，超越了字词句可勾勒的范围。

习酒像一棵树，君品文化是根，感恩的心态与行动是枝干，而谦让是叶。只有树根扎得够深，习酒这棵大树才能枝繁叶茂，终年常青，进而向成为世界一流大型综合企业集团不断舒展。

在与习酒打交道的过程中，我们为习酒人的谦逊、朴实、勤奋、温和所打动，更被中国白酒企业的拼搏奋斗精神所激励。我们亦真切地感受到习酒酿造精神与写作的紧密关联，那就是好的品质皆需要在时间的积淀下精心打磨，并且不管多难都要保有心中的温情。时间给予习酒美妙风味，时间也赋予文字美的力量。情感是一家企业崛起的动力，情感也使文字有了心的温度。法国启蒙思想家德尼·狄德罗曾言："没有感情这个品质，任何笔调都不可能打动人的心。"考拉看看头部企业研究中心深知这一点，于是将情感融入创作，以此为切入点，触及企业同样基于情感的文化脉搏。

尽管书中所写皆是习酒的过往，但历史可以照见未来。习酒的精神一代代传承，未来之路必将一片坦荡，灿烂光明。

策划团队

考拉看看
Koalacan

考拉看看是中国领先的内容创作与运作机构之一；由资深媒体人、作家、出版人、内容研究者、品牌运作者联合组建，专业从事内容创作、内容挖掘、内容衍生品运作和超级品牌文化力打造。

考拉看看持续为政府机构、企业、家族及个人提供内容事务解决方案，每年受托定制创作约 2000 万字，推动出版约 200 部图书及衍生品；团队核心成员已服务超过 200 家上市公司和家族，包括褚时健家族、茅台、腾讯、阿里巴巴、华为、万向、娃哈哈及方太等。

写作 | 研究 | 出版 | 推广 | IP 孵化
Writing Research Publishing Promotion IP incubation
电话 TEL 400-021-3677　　Koalacan.com

《在这里读懂习酒》工作组成员
高静荣　陈耘莹　夏浩译　胡连超

微信二维码
考拉看看